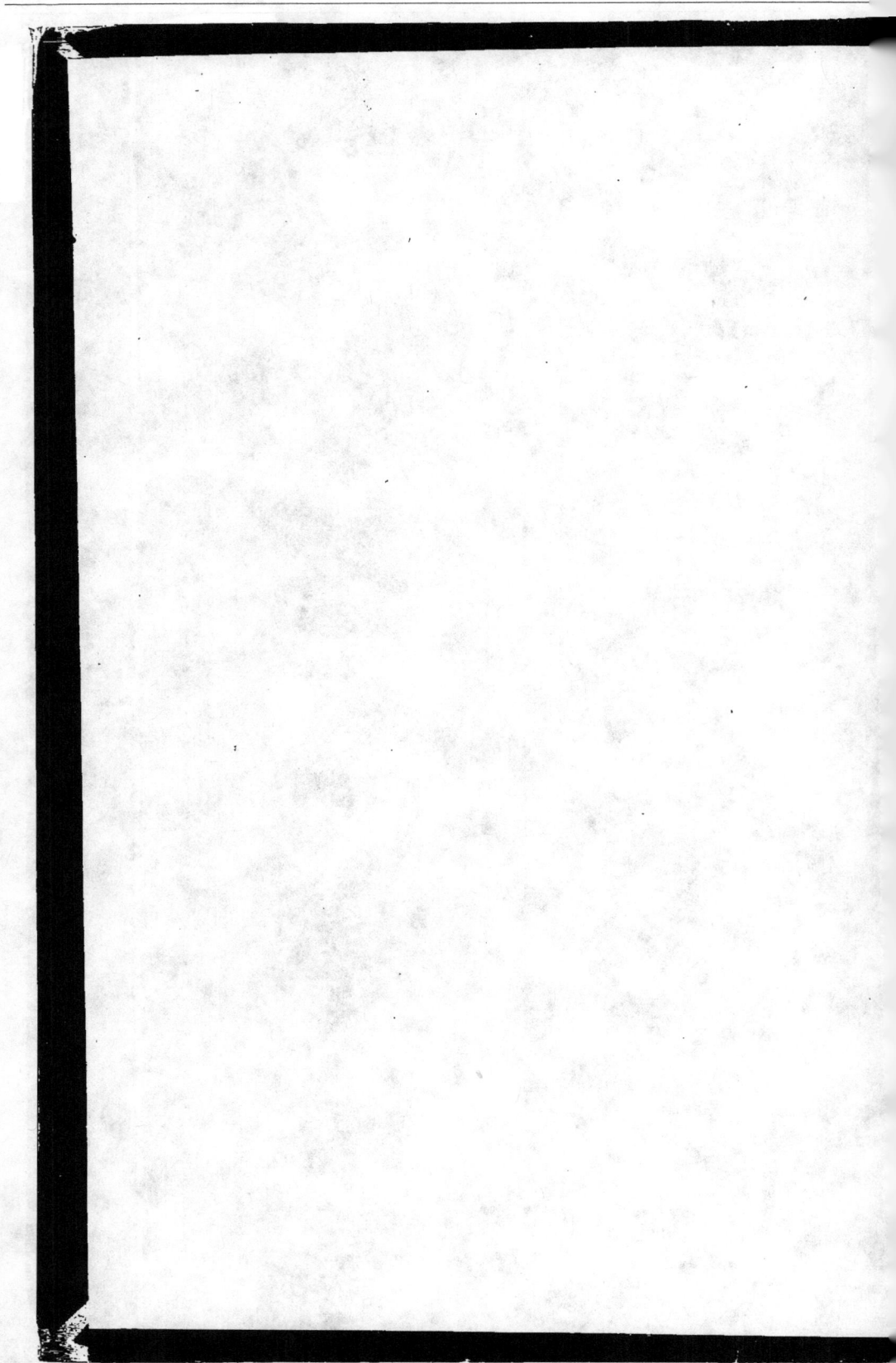

Lh⁴92

MÉMOIRES

SECRETS

DE ROBERT,

COMTE DE PARADÈS.

MÉMOIRES

SECRETS

DE ROBERT,

COMTE DE PARADÈS,

Écrits par lui au fortir de la Bastille.

Pour fervir à l'Hiftoire de la dernière Guerre.

1789.

TABLE
DES CHAPITRES.

———

AVERTISSEMENT.

AVERTISSEMENT
DES ÉDITEURS.

En publiant ces Mémoires, dont il exiſte un grand nombre de copies, nous n'avons eu d'autre intention que celle de faire connoître l'homme extraordinaire qui en eſt le héros. Ainſi, nous avons cru devoir ſupprimer les noms de pluſieurs perſonnes qui s'y trouvoient impliquées, & qui auroient pu ſe plaindre de voir leurs ſecrets révélés au grand jour.

Nous n'avons rien changé au ſtyle de ces Mémoires. Nous les donnons au Public tels qu'ils ont été préſentés au Roi. C'eſt d'après leur lecture que M. le Maréchal de Caſtries, alors Miniſtre de la Marine, s'empreſſa de rendre la liberté au Comte de Paradès,

A

ij
& de faire acquitter le réliquat de fes comptes.

M. le Comte de Paradès eſt mort à St.-Domingue à la fleur de ſon âge.

———————

AVERTISSEMENT.

Je suis né avec une ame ardente & fensible : l'obfcurité qui environnoit mon berceau, ne pouvoit long-temps fubfifter. J'éprouvois déjà le befoin de me faire un nom, au moment où j'appris d'un ami refpectable que la naiffance m'en donnoit un (1). Je voulus prouver par ma conduite que j'étois digne de le porter.

Ainfi, dès les premiers temps où je commençai à me connoître, l'honneur & la fortune furent les deux objets de mon attention ; & je crus pouvoir les réunir en me livrant à des entreprifes

---

(1) Les uns prétendent que M. de Paradès defcendoit de la Maifon des Paradès en Efpagne, d'autres qu'il étoit bâtard d'un Comte de Paradès, Grand d'Efpagne, mort au fervice de France ; le plus grand nombre le fait naître d'un Pâtiffier de Falzbourg. Le Lecteur en croira ce qu'il voudra.

périlleufes fans doute , mais qui me promettoient en cas de fuccès cette double récompenfe.

La manière dont j'ai débuté a eu affez d'éclat pour me faire des envieux, & par conféquent des ennemis.

J'ai été enfermé comme fufpect d'avoir trahi les intérêts de l'Etat, quand, dans la vérité, je n'avois fait que les difpofitions les plus avantageufes pour lui ; mon innocence a été reconnue, & mes liens ont été brifés ; mais le genre de l'inftruction (1) n'ayant, pour ainfi dire, point laiffé de traces, je me propofe ici de metre fous les yeux du Gouvernement, la conduite que j'ai tenue en conféquence de la miffion que m'avoit donnée le Miniftre en place , les occafions de fortune qui fe font préfentées pour moi dans le cours

_____

(1) M. de Paradès veut dire fans doute ici que l'inftruction de fon procès n'étoit pas de nature à être rendue publique.

de cette million, & dont il m'avoit permis de profiter ; enfin, les fommes que j'ai reçues du Miniftre, & celles que j'ai avancées pour le compte du Roi, relativement aux opérations qui m'étoient confiées ; & de cet expofé réfultera la juftification de mes réclamations vis-à-vis de Sa Majefté.

On verra que ces Mémoires ne font pas l'ouvrage d'un homme-de-lettres, ni le fruit d'une longue méditation : j'ai rendu avec fimplicité des faits qui me font perfonnels ; & j'ai cru que la vérité devoit faire le feul mérite de cet écrit.

LETTRE

AU ROI (1).

SIRE,

Vous veriez de donner la paix à vos Peuples, & d'ajouter un nouveau luftre à votre Couronne ; dans cette guerre que vous avez glorieufement terminée, j'ai été employé pour le fuccès de vos armes, & j'ai mérité des graces de votre Majefté ; mais la calomnie me les a fait payer bien cher. Mes ennemis ont furpris vos ordres pour me priver de ma liberté, & m'ont rendu fufpeƈt de tra-

---

(1) Cette Lettre a été écrite en 1783.

hifon envers vous, moi, S I R E , qui aurois répandu tout mon fang pour votre fervice après y avoir employé la majeure partie de ma fortune.

Ces Mémoires préfenteront à votre Majefté le tableau de mes opérations & de ma difgrace, & vous trouverez dans votre cœur la juftice que doit attendre de votre Majefté,

S I R E ,

Le plus humble & le plus refpectueux de vos fidèles Sujets & ferviteurs,

Le Comte de PARADÈS.

RELATION.

Abrégée de ma conduite, à commencer du premier Janvier 1778, jufqu'à la paix de 1782.

CHAPITRE PREMIER.

Mon premier voyage en Angleterre, aux approches de la guerre; la Miſſion que je reçûs du Miniſtre de France à mon retour; les difpoſitions par moi faites relativement à cette miſſion, & les dépenſes arrêtées par le Miniſtre pour cet objet.

APRÈS quatre années de féjour en pays étrangers, j'arrivai à Paris au commencement de 1778. La France fe trouvoit dans un état de fermentation, qui annonçoit une guerre prochaine avec l'Angleterre.

Depuis long-temps je defirois entrer au Service: c'étoit un peu tard en commençant par la route ordinaire : j'avois 25 ans accomplis. Je conjecturai que la circonftance pourroit être favorable à un avancement plus rapide , & que tout dépendroit de mes premières démarches.

Après avoir bien examiné chaque chofe , & confulté ce que ma fortune me permettoit d'entreprendre , je me déterminai à paffer en Angleterre pour acquérir une connoiffance exacte de cette Puiffance , de fes forces de terre & de mer , de fes Places fortes & maritimes , & pour établir enfuite fur ces connoiffances , la bafe de mon avancement.

J'effectuai ce projet : dans les premiers jours de Février , je me rendis en Angleterre ; je vifitai toutes les villes du Royaume , examinant tout , & faifant des Mémoires fur chaque objet effentiel. Muni de mes obfervations , je repris la route de France , où j'arrivai vers le milieu de Mars.

Je dreffai une relation abrégée de mon voyage , que je préfentai à M. de Sartine , à qui j'expofai en même-temps les motifs qui m'avoient guidé dans mon entreprife.

Ce Miniftre loua mon zèle , en m'affurant qu'il en rendroit compte au Roi , & me demanda quelques jours pour examiner mes Mémoires. Il me dit , lorfque j'eus l'honneur de le revoir , qu'il en étoit content , mais qu'il defiroit avoir quelque chofe de plus détaillé fur des objets qui y étoient traités ; en conféquence, il me donna commiffion de retourner en Angleterre pour y faire une reconnoiffance plus particulière de chaque Port & Place, d'en lever les plans exactement, de dreffer des Mémoires fur chacun d'eux, d'y joindre des états féparés de la Marine Angloife, du nombre de vaiffeaux armés, de ceux en armement, ainfi que de ceux en conftruction ; de leurs magafins, s'il étoit poffible, & généralement de tout ce qui pourroit avoir rapport au département de la marine.

Je quittai Verfailles, & me rendis auffi-tôt en Angleterre.

Je parcourus les mêmes Places que j'avois déjà vues, je pris des notes exactes de tous les vaiffeaux, frégates & autres bâtimens : je vifitai les magafins avec la plus fcrupuleufe attention, & je rapportai au Miniftre un réfultat fatis-faifant fur toutes les inftructions qu'il avoit demandées.

M. de Sartine me témoigna qu'il étoit fatisfait du fuccès de mon voyage & de mon travail. Il me promit de le mettre fous les yeux du Roi. Trois jours après je me rendis chez lui : il me demanda s'il y auroit moyen d'établir des agens fidèles dans les différens Ports d'Angleterre, qui feroient chargés de rendre un compte journalier

de tout ce qui s'y feroit. Je lui répondis que je
le croyois.

Il me demanda enfuite s'il étoit poffible de
fe procurer, dans le befoin, un bâtiment anglois
à la folde de Sa Majefté, dont la deftination
feroit d'obferver les mouvemens des efcadres
angloifes, & de porter des avis prompts à Breft
ou en tout autre lieu. Je répondis que je croyois
encore la chofe poffible, en y mettant l'argent
néceffaire.

En conféquence, il me donna ordre de retourner en Angleterre pour y faire les établif-
femens qu'il defiroit, y affurer une correfpondance en cas de guerre, & favoir à combien
fe monteroient les premières dépenfes à faire,
& celle qu'exigeroit l'entretien de ces établif-
femens. Il me fit en même-temps remettre une
fomme de 25000 liv. pour me rembourfer des
frais que j'avois faits dans les deux voyages pré-
cédens.

De retour en Angleterre, je confiai à un ami
que j'y avois, une partie des motifs qui m'y
ramenoient, en lui demandant fon affiftance :
il me la refufa, vu les conféquences qui en
pouvoient réfulter pour lui & fa maifon ; mais
il me donna l'adreffe d'une perfonne qui pourroit me fervir felon mes vues : quant à lui ,

il me fit promettre de ne lui jamais parler de rien, & de ne le nommer en aucune manière.

Je me rendis chez le particulier qui m'avoit été indiqué; & à la troisième visite que je lui fis, sous prétexte de différens objets de commerce, je l'amenai au point que je desirois; après quoi nous nous expliquâmes plus clairement, & nous fûmes bientôt d'accord.

Il s'engagea à me faire trouver tout ce que je demandois, au moyen d'une somme payée comptant, & d'un traitement de 100 liv. sterlins par mois (100 louis): cela convenu, il me remit entre les mains de deux Juifs portugais, qui entrèrent dans la confidence, & avec lesquels je quittai Londres pour entreprendre une troisième tournée plus intéressante, & bien plus dangereuse que les deux premières.

Au moyen de mes conducteurs, & des lettres dont ils étoient munis, je m'abouchai dans chaque ville avec une personne en charge dans la marine, pour multiplier mes correspondans. Ils s'engagèrent tous à me faire parvenir une ou deux fois la semaine un journal exact de tous les mouvemens du Port où ils étoient employés, ainsi que des ordres qu'ils recevroient à des conditions qu'ils me proposèrent, chacun suivant son ambition.

Il est à propos que je rapporte ici ce qui m'arriva dans ce troisième voyage à Plimouth. Nous entrâmes à minuit ; & quoique depuis plusieurs jours je n'eusse pris aucun repos, je ne voulus pas me coucher, mon dessein étant de reconnoître aux premiers instants du jour la citadelle, que je n'avois vue qu'imparfaitement dans mes premiers voyages.

Je pris pour me conduire un ouvrier que je rencontrai dans le Port, & j'y arrivai un quart d'heure après l'ouverture des portes. Le deux premières sentinelles me laissèrent librement passer ; lorsque je fus à la place, je tournai à gauche pour gagner la rampe qui conduit sur les remparts. Je parcourus d'abord toutes les parties des fortifications qui dominent la campagne ; après quoi j'allai me placer à l'angle saillant du bastion droit de la rade, où je crayonnai ce qui m'étoit nécessaire. Au bout d'une heure je voulus changer de place, & gagner le bastion gauche ; mais en passant le long de la courtine, (il est essentiel d'observer qu'il n'y avoit pas de sentinelle sur le rempart, dans tout le pourtour de la Place) je fus remarqué par une sentinelle qui étoit en faction devant le corps-de-garde de la Place ; cette sentinelle, étonnée de voir si matin sur le rempart deux étrangers qu'elle n'avoit pas vu

paſſer , avertit le corps-de Garde ; le ſergent
ſortit avec deux fuſilliers, & vint droit à moi.
Il fallut payer de hardieſſe : je deſcendis le
rempart du côté où il venoit, comme ſi ma promenade eût été finie. Nous nous rencontrâmes
au bas de la rampe ; il me demanda *ce que je*
venois de faire dans la Place ; que je devois ſavoir
qu'il étoit défendu d'y entrer : je répondis qu'é-
tant étranger , j'ignorois la défenſe , mais que
l'homme qui me conduiſoit auroit dû m'en inſ-
truire , puiſqu'étant de la Ville , il devoit connoître la conſigne. *Qu'on arrête ce coquin ,* dit le
ſergent, & qu'on le conduiſe au corps-de-garde.
Les ſoldats ſaiſirent mon conducteur au collet,
& l'emmenèrent. Je tirai ſur le champ dix
guinées de ma poche, je les préſentai au ſergent,
en lui diſant : *laiſſez aller ce pauvre diable ; il a*
ſans doute péché ſans le ſavoir. Il prit mon
argent ; & ſe tournant vers les ſoldats, il leur
dit : *chaſſez-le hors de la Place , & qu'il n'y entre*
plus. S'adreſſant enſuite à moi d'un ton radouci,
Milord , me dit-il, *deſireroit peut-être voir la*
fortereſſe : je me fais un devoir de le conduire ; je
vais dépoſer mon fuſil au corps-de-garde , & je
reviens dans le moment. N'ayant pas grande confiance dans ſa parole , je me débarraſſai de mes
papiers, & les plaçai dans un canon que j'avois

l'air d'examiner. (Il y avoit 12 pièces de canon montées fur affût au milieu de la Place d'armes.) J'eus tort d'avoir de la défiance : cet homme revint me joindre, & me fit faire plufieurs fois le tour de la citadelle ; il me fit defcendre aux batteries de la rade, qui font les plus belles que j'aye jamais vues.

Je remarquai que les murs, formant le rempart des batteries du côté de la rade, dans la longueur d'environ 7 toifes, n'avoient que 3, 4 & 5 pieds d'élévation au-deffus des rochers fur lefquels ils font établis; que ces rochers alloient en glacis vers la mer, fur un talus d'environ deux pieds par toife, & qu'ils étoient très-raboteux; qu'en arrivant avec des chaloupes, on pourroit débarquer comme fur la meilleure plage, efcalader la muraille, & fe rendre maître des batteries.

Je remarquai encore, que la grande porte de la citadelle, qui conduit aux batteries, & par laquelle cinq hommes de front pouvoient paffer, n'étoit que de madriers de deux pouces d'épaiffeur & qu'elle fe fermoit rarement.

J'obfervai qu'à l'angle faillant du baftion gauche, il y avoit une porte ouverte par laquelle on pouvoit entrer dans la Place, au moyen d'une communication fous le baftion en forme de

poterne

poterne (1); que la tenaille entre les deux baſ-
tions, le long de la courtine, étoit attenante au
revêtement du corps de place; qu'elle n'avoit
que 12 pieds d'élévation, & que ſon terre-plein
ſervoit de jardin, auquel on arrivoit par une
communication ſous la courtine, fermée par une
ſimple porte; que de deſſus la tenaille il ne reſ-
toit plus que 12 pieds juſqu'au ſommet du revêtement, ce qui rendoit l'eſcalier bien plus facile,
ſi on préféroit ce moyen à celui d'entrer par
les portes, ou ſi on vouloit les employer tous
les deux en même-temps.

La mer ayant baiſſé pendant que j'achevois la
reconnoiſſance, j'eus la ſatisfaction de voir que
les chaloupes pourroient, en baſſe marée,
aborder ſur un fond de ſable, & qu'on arrivoit
avec autant de facilité que ſi l'on montoit une
rampe ou un eſcalier, le rocher étant à-peu-
près taillé en gradins par le frottement des
vagues.

Lorſque je fus aſſez inſtruit, je me fis conduire hors de la place: j'y étois entré à 7 heures;
il en étoit quatre lorſque j'en ſortis. Le ſergent

_____

(1) Je rentrai dans la place par cette communication
ſouterraine; elle eſt ſans eſcalier, & deſcend en pente
douce.

B

m'ayant accompagné jufqu'à mon auberge , je
lui donnai encore deux guinées pour fa peine.
Il prit congé de moi en m'affurant qu'il me feroit
dévoué toute fa vie. J'avois eu foin de retirer
mes papiers du canon , lorfque je reconnus qu'il
n'y avoit aucun rifque pour moi. (On verra , par
la fuite, de quelle utilité me fut cet homme, &
avec quelle fidelité il me fervit.)

Je trouvai mes deux Juifs fort en peine de
moi, & très-alarmés d'une auffi longue abfence ;
lorfque nous eûmes terminé pour l'objet effentiel
qui nous avoit amenés à Plimouth, nous reprîmes
la route de Londres.

Mon principal agent n'étoit pas moins avancé
que moi ; il avoit découvert un capitaine de
vaiffeau fans emploi, mécontent du Gouvernement , & écrafé de dettes, qui s'étoit laiffé
féduire, & qui avoit confenti de fe prêter à mes
vues, au moyen des avantages qu'on lui faifoit
pour commander le bâtiment que le Miniftère
de France vouloit avoir.

Comme je n'étois pas autorifé à traiter défi-
nitivement, je lui dis que je ne pouvois que
recevoir fes propofitions ; les voici :

« On achetera un bâtiment propre pour la
courfe ; j'en compléterai l'équipage à 75 hommes, & plus s'il le faut ; les prifes que je ferai

fur les Américains m'appartiendront ; le Miniftère de France me paiera huit cents liv. fterlings
par mois pour les frais d'équipage & les rifques
que j'aurai à courir ; on fera les conventions pour
une année, & on donnera caution ; on mettra à
mon bord un homme de confiance, & je ferai
foumis à marcher où il voudra ; je me confor-
merai en tout aux ordres que le Miniftère de
France me fera parvenir ; foit que je refte dans
les ports de l'Angleterre, foit que je tienne la
mer, le traitement fera le même ; fi la guerre
vient à fe déclarer entre la France & l'Angleterre, le même traité fubfiftera ; & fi je fais
des prifes fur les François, elles feront au profit
de l'équipage ; fi, contre la foi donnée, je viens
à être pris ou arrêté par un bâtiment françois,
& que je fois retenu prifonnier en France, on
me garantira fix mille livres fterlings de dédom-
magement à Londres ; fi je fuis relâché avec
tout mon équipage, on me paiera tout le dommage que j'aurai pu effuyer indépendamment
du traitement qui courra toujours ».

Ces conditions n'étoient onéreufes que relativement aux prifes qu'il pourroit faire. Je lui
repréfentai que le Miniftère de France ne fouf-
criroit jamais à cette condition. Il me dit qu'é-
tait toujours cenfé marcher par fes ordres, ce ne

feroit qu'accidentellement qu'il pourroit faire la rencontre d'un bâtiment; que, dans ce cas, il lui paroiſſoit impoſſible qu'il ſe diſpenſât de le prendre, à défaut de quoi il feroit obligé de dévoiler ſa conduite à ſon équipage; ce qui entraîneroit dans de trop grands dangers; que néanmoins on feroit tout pour le mieux.

Je ne crus pas devoir inſiſter davantage, & je me diſpoſai à revenir à Paris après avoir pris note à-peu-près des dépenſes à faire pour chaque mois, qui ſe montèrent, tant pour le bâtiment que pour les agents dans différens ports d'Angleterre, les frais de courier de chaque port à Londres, (n'oſant confier les dé-penſes à la poſte) & de Londres à Calais, à environ trente mille livres.

Lorſque je fus de retour à Verſailles, je remis à M. de Sartine les notes détaillées de tous ces objets; il approuva la dépenſe à faire, mais il excepta les priſes des bâtimens, qui furent expreſſément défendues. Il me donna ordre de retourner ſur le champ à Londres pour conclure ces différens traités; il me fit en même temps remettre ſoixante mille livres, en attendant les autres fonds néceſſaires.

Je pris auſſi ſes ordres pour l'achat d'un bâti-ïment, & je retournai en Angleterre; mon

Capitaine avoit trouvé un navire de 14 canons, qui fortoit du chantier. Je l'achetai trois mille cinq cents livres fterlings : on le nomma la Bretagne ; après quoi je conclus tous mes autres traités aux conditions fuivantes.

Au Capitaine, pour lui, les Officiers & l'équipage de foixante-quinze hommes, ou de foixante-dix au moins, appointemens, nourriture, frais de détail, &c. au-lieu de huit cents livres fterlings par mois,
arrêté à . . . . 750 liv. fterlings.

Au principal agent de Londres, qui feroit chargé de recevoir les couriers. . . 100

A l'Agent de Portfmouth. 60

Idem à Plimouth. . . 60

Idem de Chatam. . . 40

Les gages de quatre couriers, à quinze gninées par mois chacun. 60

Les frais de courfe de Phlimouth, de Portfmouth à Londres, par mois. . . 50

Quatre voyages par mois, de Londres à Calais. . . 25

Le fret de deux Paquebots par mois. 12

B

d'autre part , . . . 1157 liv. fterlings.

Le loyer d'une maifon à
Londres , mon entretien ,
frais de voyage, &c. . . 100

———————————

Livres fterlings. . . . 1257 liv. fterlings.

Il y avoit deux couriers pour la courfe de
Calais à Paris, auxquels j'avois affigné fix cents
livres par an , les frais de poftes à part.

Les chofes étant ainfi arrêtées, je paffai une
charte partie par devant Notaires à la bourfe à
Londres , dans laquelle furent mentionnées
toutes nos conditions; on fubftitua feulement,
au-lieu des ordres du Miniftre de France , que
mon Capitaine marcheroit par mon ordre &
celui de mes commettans, pour tel port de
l'Europe ou de l'Amérique où je voudrois l'envoyer , chargé ou non chargé , &c. . . . . . . Je
jugeai cette précaution néceffaire pour nous
mettre à couvert, dans le cas où l'on viendroit
à foupçonner quelque chofe , fur-tout cette
charte partie étant faite avant les hoftilités entre
la France & l'Angleterre.

Tout étant ainfi réglé , je revins à Paris ,
fans perdre de temps, pour y toucher les fonds
dont j'avois befoin , & pour rendre compte au

Miniftre de tout ce que j'avois fait. Il me fit remettre fept mille livres fterlings ; après quoi je retournai à Londres preffer l'armement du bâtiment, conformément à fes ordres.

Mon Capitaine me dit, à mon retour, être intimement lié avec quelqu'un qui tenoit au Miniftère, & que fi je voulois l'autorifer à faire des démarches, il répondoit d'en tirer bon parti. Je lui confeillai d'en faire la tentative ; il le fit, & réuffit, & au moyen de cent cinquante livres fterlings, que cet homme demanda par mois, & que je confentis à lui donner, il s'engagea à me remettre copie de tous les ordres qu'on recevroit à l'amirauté, & de tous ceux qu'on y donneroit.

Je ne parus pas dans cet arrangement, & je vis affez rarement ce fecrétaire. Pour ne pas fe compromettre, il n'écrivoit rien ; il étoit convenu que mon Capitaine le verroit tous les jours, & qu'il pourroit lire, & même copier tous les papiers qu'il poferoit fur fon bureau, dans un emplacement indiqué : ce qui a été fidèlement exécuté pendant tout le temps que j'ai été chargé des affaires. Lorfque mon Capitaine étoit en mer, M........, ancien Gouverneur de.......... s'acquittoit de ce devoir ; il étoit de moitié avec le Capitaine, &

B 4

nous remplaçoit à Londres lorfque nous étions abfens.

CHAPITRE II.

Avis reçus par mes relations fecrètes, & communiqués au Miniftère de France; mouvement des armées pendant la première campagne.

LE premier avis que je reçus du fecrétaire que j'avois mis dans mes intérêts, fut l'ordre donné pour l'armement de douze vaiffeaux de ligne à Plimouth, deftinés à fe rendre en Amérique, fous le commandement de l'Amiral Biron. Cet ordre avoit été donné depuis long-temps; mais la deftination avoit été tenue fi fecrète, qu'on l'ignoroit. Il me fut remis 40 jours avant le départ de l'efcadre; je le fis fur le champ paffer par un courier à M. de Sartine; il fut également informé des progrès de l'armement, & du jour fixé pour fon départ.

Le Miniftère Anglois ayant reçu avis que vingt-cinq vaiffeaux françois étoient fortis de Breft, craignit que ce ne fût à deffein d'attaquer l'efcadre de Biron; en conféquence, on

expédia des ordres à l'Amiral Keppel de fortir
de Portfmouth avec tous les vaiffeaux, qui s'y
trouvoient au nombre de vingt, d'aller à la
rencontre de l'armée françoife, de l'obferver,
ou de s'en faire obferver, fans engager de combat, & de favorifer, par fes manœuvres, la fortie
de Biron, de ne perdre de vue l'armée françoife qu'après avoir été averti qu'il auroit gagné
la haute mer, & de rentrer enfuite à Portfmouth pour y continuer fon armement.

Je joignis à ces avis tous ceux propres à en
confirmer la vérité, c'eft-à-dire, que l'Amiral
Biron avoit pour fept mois de vivres, des
mâtures, & des agrêts de recharge en quantité,
& fes équipages complets; que l'Amiral Keppel,
au contraire, fortiroit avec vingt vaiffeaux, dont
le plus complet n'auroit pas fix cents hommes,
& pour vingt jours de vivres, la plupart devant
même fortir fans cette quantité.

Je pouvois parler avec affurance de ces deux
efcadres; j'avois l'état de tout ce qui avoit été
embarqué à bord de chaque bâtiment.

Tous ces avis furent encore répétés au Miniftre de France vingt jours avant la fortie des
deux divifions angloifes; je profitai du moment
qu'elles mirent à la voile, pour faire un voyage
à Verfailles.

Je rendis compte à M. de Sartine des nouveaux engagemens que j'avois contractés : il les
approuva, & m'autorisa même à promettre au
secrétaire 6000 liv. de pension du Roi s'il servoit
fidèlement (1).

L'Amiral Keppel étant sorti de Portsmouth,
conformément aux ordres qu'il en avoit reçus,
chercha l'armée françoise, & la rencontra à l'entrée de la Manche : il lui étoit expressément défendu d'engager le combat ; en conséquence il
évitoit de s'approcher de trop près de l'armée
françoise.

Les deux escadres restèrent plusieurs jours en
vue. M. le Comte d'Orvilliers ne fit aucune
disposition pour attaquer, dans la crainte d'avoir
affaire à trente-deux vaisseaux, au-lieu de vingt,
& parce qu'il manquoit de confiance dans les avis
que j'avois fait passer. Pendant que les armées
s'observoient, l'Amiral Biron passa sur les derrières de l'escadre de France, & gagna la haute
mer ; lorsqu'il fut hors de danger, il en donna
avis, par une frégate, à l'Amiral Keppel, qui retourna à Portsmouth pour y achever son arme-

---

(1) Cette pension a été payée pendant une année ;
elle a cessé de l'être du moment que j'ai été mis à la
Bastille.

ment, emmenant avec lui deux frégates françoifes, (la Licorne & la Pallas) qui furent prifes pour s'être trop engagées en voulant le reconnoître.

Par cette défiance, on négligea de battre une des deux efcadres, & d'empêcher l'Amiral Biron de remplir fa miffion. On s'apperçut trop tard de la faute qu'on avoit faite ; mais elle étoit irréparable. Ce fut une des premières de cette guerre, & auffi une des plus funeftes, par les fuites.

On en avoit fait une autre qui n'étoit guères moins grande, en faifant partir de Toulon M. le Comte d'Eftaing avec fes douze vaiffeaux : fi on l'eût fait partir de Breft, il feroit arrivé en Amérique un mois avant les Anglois ; ce qui eût été d'un grand avantage.

Je ne m'arrêtai que deux jours à Verfailles, après quoi je retournai à Londres. Mon bâtiment étant fini d'armer, j'en pris le commandement, ne voulant m'en rapporter qu'à moi-même de fa conduite ; je fortis de la Tamife pour aller à *Spithead*, où je mouillai à côté de l'efcadre angloife.

La Compagnie des Indes ayant reçu dans ces entrefaites la nouvelle de l'arrivée de fa grande flotte par une frégate qui l'avoit devancée, on dépêcha des ordres à l'Amiral Keppel d'appareiller en toute diligence de Portſmouth, & d'aller au devant de cette flotte, de favoriſer de tout ſon pouvoir ſa rentrée, & de n'engager le combat que pour ſa défenſe.

On fit en même temps paſſer des avis à la flotte pour la prévenir du danger qui la menaçoit, avec ordre de tenir le large, juſqu'à ce que Keppel l'eût jointe, ou eût aſſuré ſon paſſage.

Je fis paſſer ces avis au Miniſtre & à Breſt par des couriers diligens. Ils furent rendus en même temps à M. le Comte d'Orvilliers, au moyen des bâtimens qu'on tenoit préparés à cet effet.

Keppel appareilla de Portſmouth, le 10 Juillet, avec vingt-cinq vaiſſeaux de ligne ; trois le joignirent à ſon paſſage devant Plimouth, ce qui rendit ſon eſcadre forte de vingt-huit vaiſſeaux.

Je le ſuivis ; & le 19 ſeulement, je le quittai de vue, pour m'élever dans l'Oueſt, à la rencontre de l'armée françoiſe. Le 21, me trouvant dans la latitude 49 degrés 50 minutes à environ 30 lieues dans l'Oueſt des Sorlingues, je reconnus l'armée du Roi. Ne pouvant approcher de l'Amiral, à cauſe du gros temps qui m'avoit endommagé, je remis mes paquets à une frégate. Le vent ſouffla avec tant de violence de la partie du Nord-Oueft, que je fus forcé de me laiffer dériver fur l'armée angloife.

Celle du Roi fut également obligée de quitter fa croifière; elle dériva à l'entrée de la Manche, où elle rencontra Keppel, qui pendant quatre jours ne fit d'autres manœuvres que de chercher à prendre le vent, afin de favorifer le paffage fur fes dérivées à la flotte de la Compagnie des Indes, que le mauvais temps avoit aussi rapprochée; mais le 27, les deux armées fe trouvant très-près l'une de l'autre, M. le Comte d'Orvilliers ordonna l'attaque; ce qui occafionna un engagement général qui dura une partie de la journée; après quoi les deux armées fe retirèrent (1).

Le 28 au matin la flotte de la Compagnie des Indes paffa fur le champ de bataille, & entra dans la Manche, en vue de quelques vaiffeaux françois qui s'étoient égarés la veille du combat. Cette flotte eût vraifemblablement été prife, fi l'armée du Roi, ou feulement une

_____

(1) Il y eut un dérangement dans la ligne, occafionné par une méprife dans les fignaux : fans cet accident, la journée eût été vraifemblablement glorieufe, les manœuvres de M. le Comte d'Orvilliers ayant été très-favantes.

diviſion , eût tenu la mer 24 heures de plus (2).

J'entrai à Breſt après l'armée , pour y réparer les dommages que j'avois eſſuyés dans le gros temps. Le 2 Aout , 'en ſortis pour aller mouiller à Plimouth , où je trouvai une partie de l'eſcadre angloiſe qui s'y étoit retirée.

---

(1) Ce fut le ſentiment de M. le Comte d'Orvilliers; mais tous les vaiſſeaux , les uns après les autres , ayant demandé à rentrer pour réparer leurs dommages , il accorda ſucceſſivement tant de permiſſions qu'à la fin il ſe vit preſque ſeul. Il prit le parti de ſuivre lé torrent , & d'abandonner la flotte de l'Inde. Ce qu'il y eut de ſingulier , c'eſt que les deux tiers des vaiſſeaux auroient pu ſe réparer à la mer en 4 heures de temps ; ce qui ſe vérifia dans le port.

CHAPITRE III.

*Projet que je formai à la fin de la cam-
pagne pour la prise de Plimouth ; mes
dispositions en conséquence, & les reconnoissances que je fis d'autres Ports.*

La campagne étant à-peu-près finie, je cher-
chai à employer mon temps utilement, en m'occupant des moyens de faciliter l'attaque des
différentes Places d'Angleterre. Je commençai
par Plimouth ; j'en levai le plan dans le plus
grand détail, ainsi que celui de ses différens
ports & bayes, que je parcourus avec grande
attention la fonde à la main; j'en dressai des
mémoires; après quoi je songeai à un objet plus
important.

J'avois un homme fidèle qui me rendoit
compte exactement de tout ce qui se passoit
dans le Port ; mais c'est à quoi se bornoient
toutes ses fonctions. Je ne le crus pas propre
à favoriser une grande entreprise, & je n'osai
pas m'ouvrir à lui de toute l'étendue de mes
projets, dans la crainte de l'effrayer. Je jetai les

yeux fur le fergent de la citadelle, qui m'avoit
fi bien fervi dans ma troifième tournée en
Angleterre, comme le jugeant plus capable de
feconder mes deffeins.

Ne fachant pas fon nom, ni à qui m'ad-
dreffer pour le découvrir, & n'étant connu
d'aucun de mes gens, je pris le parti d'aller
me promener dans la citadelle jufqu'à ce que
je puffe le trouver. Le troifième jour j'y réuffis,
& je l'abordai. Il parut charmé de me revoir.
Je lui dis que j'avois un bâtiment dans la rade,
& l'invitai à venir me voir. (Il s'étoit trop bien
trouvé de ma première rencontre pour négliger
la feconde.) Je lui donnai le nom du bâtiment,
après quoi nous nous féparâmes.

Le lendemain matin, il vint à bord : après
l'avoir bien traité, je lui fis préfent de fix bou-
teilles d'eau-de-vie qu'il emporta avec promeffe
de revenir le jour fuivant.

Je n'avois pas non plus ofé confier à mon
Capitaine les nouveaux projets que je méditois,
ne lui croyant pas affez d'audace pour les feconder felon mes vues ; ainfi, ne voulant pas
m'entretenir de cette affaire en fa préfence, lorfque le fergent revint le lendemain, je me fis
débarquer avec lui fur la côte voifine, fous le
prétexte de nous y promener. Je laiffai les
matelots

matelots à la garde du canot, & nous nous éloignâmes dans les terres.

Après un court préambule, je lui parlai de sa misère, & lui offris de lui faire sa fortune s'il vouloit s'attacher à moi & me servir. Il me dit que je l'avois traité si généreusement la première fois, que depuis ce moment il m'étoit entièrement dévoué. Je lui représentai que le service que j'exigeois de lui étoit un peu délicat, que peut-être il en seroit effrayé, mais qu'avec de la prudence & de l'adresse on éviteroit tous les dangers. Il me répliqua qu'il se sentoit capable de tout entreprendre pour m'obliger, & qu'il ne tiendroit pas à lui de sortir de l'état misérable où il étoit réduit. Croyant l'avoir amené au point où je le desirois, je m'ouvris à lui, & lui confiai que mon projet étoit de découvrir les moyens de mettre Plimouth dans les mains du Roi de France. Il me dit qu'il avoit soupçonné quelque chose la première fois qu'il m'avoit vu, à la manière dont je l'avois payé, mais que la grandeur du péril le faisoit trembler. Je ne lui donnai pas le temps de refléchir. Voici, lui dis-je, cinquante guinées que je vous donne à compte de ce qui vous reviendra ; je vous en donnerai autant tous les mois, & vous aurez dix mille guinées si l'entreprise réussit.

C

Il n'eut pas un mot à répliquer à un pareil argument. *Je me livre à vous & me foumets à tout ce que vous exigerez de moi ; dictez , Monfieur: que faut-il que je faffe?* Telle fut fa réponfe. Rien pour le moment, lui dis-je : ceci eft un projet dont l'exécution demande des réflexions; il me fuffit de vous avoir dans la place pour me fervir dans le befoin. Je lui demandai enfuite s'il connoiffoit le garde-pavillon, & le portier de la place; il me répondit, qu'il connoiffoit peu le garde, mais que le portier étoit fon ami. Eh bien! lui dis-je, tâchez de le gagner : nous aurons peut-être befoin de lui; faites auffi connoiffance avec le garde des fignaux, & vous m'en rendrez compte à mon premier voyage. Je lui dis enfuite que je partois dans trois jours, & lui recommandai le fecret ; après nous retournâmes à bord , d'où je le fis conduire à Plimouth.

Mes vues fe portèrent plus loin. Il étoit incertain fi le fergent parviendroit à gagner le garde-pavillon de la citadelle , qui pouvoit donner l'alarme. Je remédiai à cet inconvénient en me rendant maître du premier fignal de la côte , qui étant à moi, répéteroit mal & à ma volonté.

J'avois à bord un matelot italien , nommé Thomas, que je m'étois attaché par de bons

traitemens. Depuis quelque temps j'avois mis
fa fidélité à l'épreuve. Plusieurs fois j'avois voulu
l'initier dans mes secrets ; la circonstance me
décida. Thomas, lui dis-je, j'ai besoin d'avoir
à moi le garde des premiers signaux de la côte;
il faut que tu quittes le bâtiment, & que tu ailles
le trouver ; je te donnerai une bonne somme
d'argent : tu lui proposeras de vivre avec lui;
s'il y consent, tu te mettras bien au fait des
signaux, afin que dans le besoin tu puisses le
remplacer. Si c'est un homme foible & pauvre,
tu le gagneras; si c'est le contraire, nous trou-
verons bien moyen de nous en débarrasser, au
moment où il pourra nous nuire. Avec ces instructions, & 30 guinées, il partit.

Deux jours après, il revint à bord me dire
que s'étant présenté au garde, comme déserteur
d'un bâtiment, & lui ayant demandé de le
cacher chez lui, avec promesse de le bien payer,
sa proposition avoit été acceptée; en conséquence,
il l'avoit quitté sous le prétexte de venir acheter des
habits à Plimouth, pour changer ceux de matelot.
Il ajouta que ce garde étoit pauvre, qu'il ne
croyoit pas avoir de peine à le corrompre, mais
que dans tous les cas, je pouvois compter sur lui,
& qu'il m'en débarrasseroit au premier mot. Ce
port étant éloigné, on pouvoit y demeurer 12 à

15 jours sans qu'on s'apperçût de rien. Lorsque je lui dis qu'on trouveroit bien moyen de se débarrasser du garde, si on ne pouvoit le gagner, il comprit que je disois que je le ferois tuer; & en conséquence il aiouta qu'il se chargeoit de la commission. Ce n'étoit point du tout mon projet, mais bien celui de le faire enlever par mes gens, & de le faire conduire en France, ou de le garder à bord de mon bâtiment aussi long-temps que la chose auroit été utile, ainsi que je l'ai pratiqué dans plusieurs circonstances.

Toutes mes dispositions étant faites, & mes arrangemens pris à Plimouth, je fis lever l'ancre, & prendre la route de Portsmouth.

Je ne m'y rendis pas en ligne droite; je m'occupai de la reconnoissance des bayes de *Stuart*, de *Torbay*; & de tous les mouillages de la côte, jusqu'au passage des *Aiguilles*. Je m'arrêtai dans tous ces endroits, & je les parcourus la sonde à la main. Par ce moyen, j'acquis une connoissance entière & parfaite de ces côtes. Ensuite j'allai jeter l'ancre en face de *Yarmouth*, petite ville dans l'isle de *Wigth*, quelques lieues en dedans des *Aiguilles*.

Je reconnus cette place, qui n'a d'autre défense qu'une batterie de huit pièces de gros canons sur le rivage. On ne peut y aborder en haute marée qu'avec de petits bâtimens. En basse marée, tout le rivage est à sec à une distance assez considérable de la ville. Il n'y avoit pas de garnison ; j'y mouillai pendant deux jours.

J'avois souvent passé devant la forteresse appelée *Harre-Castel* , bâtie sur un rocher dans la mer, & garnie d'une artillerie redoutable, qui défend l'entrée des *Aiguilles* ; il ne m'avoit pas encore été possible de m'y procurer des intelligences. Comme il y avoit alors des troupes angloises, quoiqu'en petit nombre, je jugeai qu'il seroit dangereux de faire des tentatives semblables à celles que j'avois faites à Plimouth. Je changeai de méthode , je pris le parti de tromper & mon équipage & la garnison , en les faisant servir les uns & les autres à la réussite d'un projet que je formai. Voici comment.

Je dis à mon Capitaine, qu'étant satisfait de ses services, je voulois le mettre à portée de gagner beaucoup d'argent, ainsi que l'équipage ; que pour cela il falloit avoir un lieu sur la côte, & des gens assurés pour nous prêter la main. J'ajoutai que le château de *Harre-Castel* paroissoit propre à seconder mes desseins, qu'il falloit y aller ensemble avec la chaloupe , afin de connoître s'il y avoit moyen de faire quelques

arrangemens : il me demanda en quoi ils confiftoient. J'ai , lui dis-je , plus de 50 tonneaux
d'eau-de-vie en France , du vin & d'autres
denrées que nous pourrons charger à bord de
la Bretagne, & les venir dépofer ici. Je vous
abandonnerai tout le bénéfice ; voyez à vous
arranger avec la garnifon du château , pour
qu'elle reçoive de nuit tout ce que nous appor-
terons. Tout ce qui avoit apparence de gain
intéreffoit vivement le Capitaine ; il donna dans
mon plan. Nous nous rendîmes au fort , & ,
fans de longs détours , nous fîmes nos propofitions au chef de la troupe ; il affembla quelques-
uns de fes gens , & fit rapport qu'un bâtiment
Smuggler (1) , (je m'étois annoncé pour tel)
offroit de dépofer fa cargaifon dans le château,
en partageant les profits avec la garnifon , que
les marchandifes ne refteroient jamais plus de
quatre jours en dépôt , temps néceffaire pour
en donner avis aux Négocians qui devoient les
faire enlever. Cela fut trouvé facile. On convint qu'il feroit payé comptant, à la garnifon ,
4 guinées par chaque barrique de vin & d'eau-
de-vie qu'on dépoferoit , & à proportion pour
les autres objets.

---

(1) Contrebandier.

Cet article convenu , nous réglâmes les fignaux de reconnoiffance que je ferois. On convint de plus que je n'arriverois jamais que de nuit, à la fin du flot, & qu'on fe tiendroit préparé pour me recevoir ; je les quittai, en les affurant qu'ils ne tarderoient pas à me revoir.

De retour à *Yarmouth*, je fis lever l'ancre pour aller mouiller dans la baye du *Cauw*, où l'on m'avoit dit qu'il y avoit une petite forterefle ; je trouvai une batterie de 8 pièces de canon, enfermée dans un fer à cheval, gardée par une femme qui fervoit de concierge à cette prétendue forterefle. Il y avoit 60 hommes de milice dans le village.

La petite baye du *Cauw* eft affez bonne ; de très-gros bâtimens y mouillent, on y conftruifoit alors un vaiffeau de 64. Je me rendis de là à *Newport*, capitale de l'Ifle, petite ville ouverte, à deux lieues dans les terres ; il y avoit 250 hommes de troupes : c'eft en quoi confiftoient toutes les forces de l'Ifle, avec les deux bâtimens & les 60 hommes du village de *Cauw* dont j'ai parlé.

Je reftai deux jours à cette rade, après quoi j'allai mouiller à *Spithéad*, au milieu de l'efcadre angloife, pour m'occuper de la reconnoiffance de *Portfmouth*. Ayant achevé & conduit à perfection tous les projets que j'avois formés; je me déterminai à revenir en France pour rendre compte au Miniftre de ma conduite (1).

Il me reftoit à bord fept groffes bariques d'eau-de-vie, & environ 12 de vin, que j'avois chargées à Breft; je voulus m'en fervir pour éprouver la garnifon de *Harre Caftel*; je fis le tour de l'Ifle, & je me préfentai en vue le fixième jour après l'avoir quittée.

Je fis mes fignaux de reconnoiffance, auxquels on répondit. Je croifai enfuite au large en attendant la nuit. Sur les 10 heures, vers la fin du flot, j'arrivai & mouillai près du château, je débarquai avec le canot pendant qu'on chargeoit la chaloupe; en moins de deux heures douze bariques, que j'avois fait fortir du bâtiment, furent roulées dans le fort, où j'entrai avec tous mes gens. On but un coup, après quoi on fe fépara. Trois fois j'ai fait cette manœuvre avec le même fuccès, & je fuis chaque fois entré dans la place avec un nombre de matelots fupérieurs à la garnifon.

---

(1) Je n'ai rien dit de la reconnoiffance de Portfmouth; cela m'eût jeté dans des détails auffi longs qu'ennuyeux; il fuffit de favoir que cette place, ainfi que toutes celles d'Angleterre, furent reconnues avec le même foin que Plimouth.

CHAPITRE IV.

Je reviens à Versailles ; mon retour en Angleterre ; nouvelles observations de ma part ; événemens imprévus ; naufrage.

APRÈS avoir fait les dispositions propres à assurer le succès des entreprises que nous pourrions former contre l'ennemi, je fis diriger ma route vers la France. Je débarquai près du Havre, d'où je me rendis à Versailles, ordonnant à mon bâtiment d'aller m'attendre dans la Tamise.

Je remis à M. de Sartine les mémoires détaillés de toute ma conduite; il en rendit compte au Roi : Sa Majesté eut la bonté de me gratifier d'un brevet de Capitaine de cavalerie, en date du 31 Août, & d'une pension de dix mille livres, dont j'ai la lettre d'avis (1).

Le Ministre ayant approuvé tout ce que j'avois fait, & les dépenses se trouvant augmentées de

_____

(1) J'ai touché les quatre premiers mois de cette pension; toutes les années écoulées depuis lors me sont dues.

plus de trois cents livres fterlings par mois, il y pourvut.

Ayant traité pour une année entière avec tous mes agens, je fuppliai M. de Sartine de me faire remettre le montant total des dépenfes en un feul payement, en lui obfervant que cela me mettroit à portée de gagner beaucoup d'argent, par différentes fpéculations de commerce, qui ne dérangeroient rien à mon fervice, & couvriroient certaines démarches que j'étois forcé de faire ouvertement. Il m'accorda ma demande, & en conféquence me fit remettre la fomme de 14000 livres fterlings, qui faifoient à-peu-près le folde des dépenfes qu'il avoit arrêtées pour l'année. Il me donna enfuite mes inftructions pour la conduite à tenir avec mes agens, & pour ce qu'il defiroit favoir des fecrets du cabinet ; après quoi je retournai à Londres, où j'arrivai le 12 Septembre. Mon premier foin fut de faire une tournée générale, afin de connoître comment chacun faifoit fon devoir. Je trouvai à Plimouth la garde-pavillon & le portier dans mes intérêts ; je leur affignai 25 livres fterlings par mois. Mon matelot Thomas étoit inftallé au premier fignal de la côte. Il y faifoit feul les fonctions du garde ; il me remit copie de tous les fignaux de reconnoiffance. Le fergent de la citadelle me dit

u'en cas d'entreprifes, il répondoit que la grande
porte de la citadelle, qui conduit aux batteries,
feroit ouverte, ainfi que celle de la poterne à
l'angle du baftion, par où les troupes pourroient
défiler ; qu'au furplus, il encloueroit toutes les
batteries, ainfi que j'avois paru le defirer. Ayant
payé à chacun d'eux ce qui leur revenoit, je
fongeai à me rendre à Briftol, d'où je voulois
paffer en Irlande.

Avant mon départ je fus averti qu'on alloit
vendre à l'enchère, dans le port, huit bâtimens
marchands pris fur les François, & qu'il y auroit
beaucoup à gagner fur cette acquifition. Je donnai ordre à mon agent principal de fe porter
acquéreur pour mon compte (1) ; après quoi
je partis pour Briftol, d'où je me rendis en
Irlande.

Je parcourus les différents ports de ce Royaume

----

(1) Les huit bâtimens furent achetés pour la fomme de
2200 liv. fterlings. Je les fis conduire à Londres par les
matelots de la Bretagne. Le Gouvernement qui éprouvoit
une difette de bâtimens, les acheta pour la fomme de
6400 liv. fterlings.
Un particulier anglois n'auroit pas pu faire la même
opération avec le même fuccès : il eût été obligé de faire
affurer les navires, & n'eût pas trouvé les matelots néceffaires. Je gagnai fur cette opération cent-cinq mille livres.

où les convois s'affembloient ; & je reconnus que par-tout les mêmes facilités fubfiftoient pour agir offenfivement. J'en fis des mémoires détaillés, que je fis paffer à M. de Sartine.

Je revins enfuite à Londres veiller à la correfpondance. J'y fus malade pendant environ un mois, vraifemblablement des fatigues que j'avois effuyées depuis une année. C'eft dans cette tournée que j'eus occafion de rendre à M. . . . . . . , Officier de Marine, le fervice fuivant.

Il avoit été envoyé en Angleterre par M. de Sartine pour une opération fecrète. Il fut reconnu à Plimouth par des perfonnes qui l'avoient vu prifonnier pendant la dernière guerre. On le fit fuivre jufque dans un autre port où il fe rendit. Pendant qu'il étoit à faire fa reconnoiffance, il s'apperçut qu'on l'examinoit, il voulut fe retirer ; il entendit qu'on difoit alors : *c'eft un efpion françois ; il eft Officier de Marine.* Il rentra dans l'auberge où il avoit mis pied à terre, & fe retira dans fa chambre ; la populace s'avança, criant tout haut : *c'eft un efpion ; il faut l'arrêter & le faire pendre.*

L'aubergifte ne voulut jamais confentir qu'on entrât dans fa maifon pour y arrêter un étranger ; il fallut des ordres fupérieurs. Cela prit du temps ; à minuit il étoit encore libre. J'arrivai vers ce temps-là dans l'auberge où la scène se paſſoit ; je fus un peu ſurpris de ce qu'on étoit encore levé. L'hôte, qui étoit un de mes amis, me prit à part, & en deux mots me mit au fait de la choſe. Je me rendis ſur le champ au port, où j'ordonnai à un bâtiment que j'y avois, de lever l'ancre, & de ſe tenir prêt à partir. Je fis en même temps venir la chaloupe à terre, je retournai enſuite à l'auberge, & je montai dans la chambre de cet Officier, que je trouvai dans de grandes angoiſſes. Je lui dis de s'envelopper dans ma capotte, & de me ſuivre ; ce qu'il fit ſans balancer. Nous ſortîmes ſans que perſonne y prît garde à cauſe de l'embarras que cauſoit à la porte, ma voiture, que j'y avois fait laiſſer exprès. Je le conduiſis à bord de mon bâtiment qui étoit déjà à la voile. Le lendemain nous arrivâmes à Calais, où j'appris ſon nom & ſa qualité. Il m'avoua qu'il me devoit la vie.

Je retournai deux jours après dans le même port ; on y étoit encore tout étonné de ce que cet Officier avoit trouvé moyen de s'échapper : j'avois cru devoir à mes riſques & périls ſauver un compatriote, dont le malheur m'étoit connu, & que je ſoupçonnai chargé de quelque commiſſion de la part du Miniſtre.

J'ai, en différentes fois, fait embarquer, ou

embarqué moi-même , plus de 300 matelots ou Officiers françois qui s'étoient échappés de leurs prisons , soulageant leur nécessité , & donnant à chacun l'argent dont il pouvoit avoir besoin , sans en avoir jamais rien répété au Gouvernement , ni à personne.

Une flotte de 300 voiles s'étant réunie à la rade des Dunes, j'en fis passer l'avis au Ministre, ainsi que celui de sa destination, & de la route qu'elle devoit tenir avec le nombre de vaisseaux d'escorte.

Je l'informai en même temps, que s'il le jugeoit à propos, je partirois deux jours avant la flotte, pour donner avis à Brest de son passage, dans le cas où il voudroit y faire tenir prête une division pour l'intercepter : ce qu'il agréa.

Lorsque nous eûmes dépassé *Portland*, nous fûmes accueillis d'un coup de vent si terrible, qu'il força le Russel, de 74, de dériver sur le *London*, vaisseau de 50, qui fut coupé par le milieu, & coula bas avec tout son monde, (on sauva environ 45 matelots); deux frégates furent démâtées, ainsi qu'un autre vaisseau; ils furent obligés de rentrer à *Portsmouth*; j'eus mon grand mât cassé, mes voiles emportées, & je fus jeté au large. Le 31, m'étant rapproché de la terre

pour chercher un abri contre le mauvais temps
qui duroit encore, je fus accueilli du plus terrible coup de vent counu de mémoire d'homme,
qui porta mon bâtiment à la côte, où il fut
brifé. La moitié du monde y périt (1), plus de
60 navires eurent le même fort dans cette nuit
malheureufe.

Je fis conduire à Londres, par mon Capitaine, tous les matelots qui me reftèrent.

Lorfque nous y fûmes, mon premier foin
fut de me procurer un autre bâtiment. J'achetai
le *King'flown*, du port de 10 canons, qui me
coûta 2500 livres fterlings. Je donnai avis à
M. de Sartine du malheur qui venoit d'arriver,
& du nouvel achat que j'avois fait. Il me fit
remettre 4000 livres fterlings pour réparer les
dommages.

---

(1) Le navire ayant donné de la proue en terre, y
refta immobile; dix matelots furent jetés dans la mer par
le choc, au moment où il naufragea : 22 autres ayant
voulu fe fauver dans la chaloupe, elle coula bas, fe trouvant trop chargée. Je reftai avec le furplus de l'équipage
attaché fur la proue du bâtiment jufqu'au lendemain, qu'on
put nous donner les fecours néceffaires. Il fut brifé peu de
temps après que nous l'eûmes quitté ; je perdis 32 hommes,
& environ 600 livres fterlings que j'avois à bord.

Il est essentiel que je rende compte de l'état des fonds que j'avois reçus du Gouvernement pendant l'année 1778 , ainsi que de l'état de la dépense qui avoit été faite jusqu'au premier Janvier 1779 , & de celui où se trouvoit ma fortune à cette époque. C'est ce qui sera le sujet du chapitre suivant.

CHAPITRE V.

État des sommes que j'ai reçues du Gouvernement pendant l'année 1778 ; état des bénéfices faits pour mon compte pendant la même année.

Récapitulation générale des fonds faits par le Gouvernement pendant l'année 1778 , jusqu'au premier Janvier 1779.

Savoir ;

Les premiers fonds que je touchai de M. de Sartine, & dont il n'a pas encore été fait mention , furent de. . .   5,000 liv.

Les seconds, lors de mon troisième voyage en Angleterre , furent de.   25,000

                     30,000 liv.

Le

ci-contre. . . . . . . 30,000 liv.

Le troisième payement fut de. 6,000

Le quatrième fut de 7,000 liv.
sterlings, argent de France. . . 168,000

Le cinquième, lorsque le Ministre solda les dépenses en total
pour une année, fut de 14,000 liv.
sterlings, faisant argent de France. 336,000

Plus, les 4,000 livres sterlings
que je reçus à Londres, destinées
à réparer la perte causée par le
naufrage. . . . . 96,000 liv.

Le total des fonds faits par le
Roi depuis le mois d'Avril 1778
jusqu'au premier Janvier 1779,
se monte à la somme de. . . . 690,000 liv.

Récapitulation générale des dépenses faites
pour le compte du Roi pendant l'année 1778
jusqu'au premier Janvier 1779.

Savoir ;

Les dépenses faites pendant les trois premiers
voyages d'Angleterre, qui comprenoient les
sommes comptant remises aux différens agens,
en traitant avec eux, frais de voyage, &c. &
qui ont été arrêtées dans le temps
par M. de Sartine, se montoient à. 65,000 liv.

D

d'autre part. . . . . . . 65,000 liv.

L'achat de la Bretagne 3,500 l. sterlings. 84,000

Les dépenses se montoient, suivant le premier arrêté, à 1257 liv. sterlings par mois ; elles furent augmentées de 300 liv. sterlings le mois suivant, ce qui les porte à 1557 liv. sterlings , faisant , argent de France, la somme de 37,368 livres pour 7 mois qui étoient écoulés sur ce pied, à dater du premier Juin 1778. . . . 261,576

Les effets & argent perdus à bord de la Bretagne, lors du naufrage, 600 liv. sterlings. . . . 15,000

L'achat du navire le King'stown, à 500 liv. sterlings. 60,000

Les frais des deux courriers fixés à Calais, pour 7 mois de gages, à 600 liv. par an chacun, pour les deux. 1,700

Les frais de courses qui avoient été faites, tant à Versailles qu'à Brest, depuis le premier Juin. . 4,000 liv.

491,276 liv.

ci-contre. . . . . 491,276 liv.

Deux chevaux crevés par les courriers, & un troisième perdu.   2,000

Vol fait à un courrier, de 60 guinées, dont il étoit porteur pour les gages d'un des agens. . .   1,440

Le total général de la dépense faite par le Gouvernement au premier Janvier 1779, se montoit à la somme de. . . . . . 493,716 liv.

Le total général des fonds faits se montoit à celle de. 690,000

La dépense ne montoit qu'à celle de. . . . . 493,716 liv.

Il me restoit en caisse de fonds, appartenans au Roi, au premier janvier 1779, la somme de. . . 196,284 liv.

État progressif de ma fortune, & moyens dont je me suis servi pour l'accroître.

J'avois eu 4,200 liv. sterlings de bénéfice sur l'achat de 6 bâtimens que j'avois fait à Plimouth pour la somme de 2,200 liv. sterlings,

& qui furent vendus dans la Tamife pour
6,400 liv. fterlings , ce qui faifoit , argent de France. . . . 105,600 liv.

J'avois pris des intérêts de
400 liv. fterlings fur fix corfaires
différens , qui avoient armé dans
la Tamife , dans le même temps
qu'on y armoit la *Bretagne* , ce
qui me fit une mife de dehors de
2,400 liv. fterlings. Deux de ces
corfaires furent pris après avoir
fait chacun une riche prife ; les
quatre autres en firent fept , dans
le nombre defquels furent deux
vaiffeaux de la compagnie des
Indes Françoifes : le produit de
ces prifes réunies , me valut , déduction faite de mes débourfés ,
un bénéfice de 10,200 liv. fterlings , argent de France. . . . 244,800

J'avois fait échanger , en différentes fois , 18,000 louis d'or
contre autant de guinées en France;
le change fur chaque efpèce me
valut 26 fous de bénéfices à Lon-

350,400 liv.

ci-contre. . . . . 350,400 liv.

dres, ce qui me procura un gain
de. 24,000

J'avois reçu pour affurance ,
fur fix vaiffeaux de la Compagnie
des Indes Françoifes , 3,000 livres
fterlings , à raifon de 500 livres
pour chacun ; quatre furent pris
& arrivèrent en Angleterre ; j'y
rendis l'affurance des deux autres,
il me refta un bénéfice de 2,000 l.
fterlings, argent de France (1).   48,000 liv.

Les *deux Sœurs*, bâtiment de
400 tonneaux, eftimé 2,000 liv.
fterlings, qu'on favoit être en mer
depuis trois mois, & qu'on croyoit
perdu, ayant été propofé à 60 pour

422,400 liv.

(1) On avoit en Angleterre les noms & valeurs à peu-
près de tous les vaiffeaux de la Compagnie des Indes
Françoife. On favoit leur arrivée prochaine : tous les corfaires & armateurs qui efpérèrent de s'en emparer,
les firent arrêter pour le cas de reprife ; les uns pour
deux millions, les autres pour plus ou moins : on rendit
l'affurance à ceux qui ne prirent rien.

D 3

d'autre part. . . . . : 422,400 liv.

cent d'affurance, je fus tenté d'y prendre intérêt; cette affaire m'occupa toute la nuit : pendant mon fommeil je crus voir arriver le navire; le matin je cédois au preffentiment & à l'impulfion qui fembloit me dire de l'affurer; je le pris tout entier pour mon compte, je reçus 12,000 livres fterlings pour l'affurance. Cinq jours après ce bâtiment arriva en Angleterre; ainfi, pour avoir rifqué de perdre 19,200 liv. j'en gagnai. 288,000

J'avois payé fix mois de fuite l'affurance de la *Bretagne* fur le pied de 4,000 liv. fterlings, à cinq pour cent par mois; cette affurance m'avoit coûté 1,200 liv. fterlings: lorfque le bâtiment périt, il m'en rentra 4,000 liv. fterlings, ce qui me procura un bénéfice de 2,800 liv. fterlings, déduction

610,400 liv.

ci-contre. . . . . . . 610,400 liv.

faite de ce que j'avois payé, ce
qui fit argent de France. . . . 67,200

Ayant été informé de la prife
de la Dominique avant que la
nouvelle fût connue à Londres,
cela me valut, pour ma part,
2,000 liv. fterlings, que je gagnai
dans les fonds, faifant, argent de
France, la fomme de. 48,000

Total général des biens que
j'avois acquis au moyen des opérations ci-deffus motivées. . . 825,600 liv.

Je plaçai 250,000 liv. en contrats. Peu de
temps après j'achetai une maifon à Paris, que je
payai 70,000 liv. J'employai environ 50,000 liv.
en mobilier & chevaux. Je confervai en caiffe
450,000 liv. [indépendamment des fonds appartenans au Gouvernement] pour tenter de
nouveau la fortune qui m'avoit fi bien traitée.

J'avois rendu différentes fois compte à M. de
Sartine des bénéfices que j'avois faits, & des
moyens dont je m'étois fervi. Il eut la bonté
d'y donner chaque fois fon approbation.

Un accroiffement de fortune auffi confidéra-

D 4

ble, en si peu de temps, auroit pu paroître incroyable, si j'avois négligé d'en indiquer les causes. J'ajouterai que si mon but unique eût été de m'enrichir, j'eusse pu doubler aisément mon *avoir*, en faisant usage des moyens les plus légitimes, & que j'ai négligé de donner mes soins à différentes affaires qui m'auroient procuré des bénéfices considérables, parce que ces soins auroient pu nuire à ceux qu'exigeoient les fonctions importantes dont le Gouvernement m'avoit chargé ; les entreprises que j'ai faites n'ont été qu'accidentelles, & lorsqu'elles se sont présentées sous l'aspect le plus facile.

Je dois vous justifier ce que j'avance, & donner les détails d'une affaire seule qui m'offroit un gain de 600,000 livres. J'ai en main toutes les lettres de M. de Sartine, qui en constatent la vérité, & l'on verra par quelle délicatesse j'ai négligé d'en faire mon profit.

Le navire le *Westmoreland* de 600 tonneaux, montant 32 pièces de canon, avoit été envoyé dans le Levant par une compagnie Angloise pour y prendre une cargaison en soieries & autres marchandises d'Asie. Il completta son chargement dans les différens ports d'Europe, & se rendit à Mahon, où il vouloit attendre l'escorte d'un vaiſſeau pour paſſer le détroit, & arriver ſans péril en Angleterre; mais ſon attente fut vaine. Pendant cinq mois qu'il y ſéjourna, aucun vaiſſeau Anglois ne parut. Les Armateurs conſidérant le notable dommage qui réſultoit pour eux du long retard de ce bâtiment, & con-jecturant que la majeure partie de la cargaiſon ſeroit avariée par une auſſi longue relâche en été, ſous un climat chaud, eurent recours à une fraude, dont l'objet étoit de leur procurer le même bénéfice que ſi le navire fût arrivé en Angleterre avec ſes marchandiſes en bon état; ce fut de le faire aſſurer ſur de faux connoiſ-ſemens qui doubloient la valeur de la cargaiſon, & enſuite de le faire prendre par nos vaiſſeaux pour prévenir la découverte de la fraude.

En conſéquence, ils s'adreſſèrent à une Com-pagnie d'aſſurance à Londres, & propoſèrent ce navire pour deux millions; ce qui, joint à la prime qu'ils firent aſſurer auſſi, porta cette aſſu-rance à 2,500,000 liv. Ils expédièrent enſuite au Capitaine du bâtiment, qui avoit lui-même un fort intérêt dans la cargaiſon, des ordres d'appareiller de Minorque, & de faire route pour l'Angleterre, avec injonction ſecrète de ſe faire prendre. Les Armateurs étant inſtruits qu'on armoit à Toulon deux vaiſſeaux, le *Caton*

& le *Deſtin*, qui devoient ſe joindre à l'eſcadre de Breſt, calculèrent ſi juſte, pour le temps du départ du *Weſtmoreland*, qu'il ſortît de Mahon preſqu'en même temps que les deux vaiſſeaux françois de Toulon, & il manœuvra ſi bien qu'il fut pris avant d'arriver au détroit.

Cependant, peu de jours après que la police d'aſſurance eût été faite à Londres, un des aſſociés de la compagnie fut informé de la véritable valeur du *Weſtmoreland*, dont le chargement ne montoit qu'à 1,100,000 livres, ce qui, joint au corps de vaiſſeau, pouvoit aller environ à 1,200,000 livres ; il fut également informé du projet de le faire prendre, & des ordres envoyés à Minorque à ce ſujet ; mais le mal étoit ſans remède pour la Compagnie, ſi le *Weſtmoreland* étoit pris, car alors les preuves de la fripponnerie diſparoiſſoient, & le recours contre les Armateurs infidèles n'étoit plus praticable.

J'avois fait d'aſſez grandes affaires avec cette Compagnie pour en être connu. Elle s'adreſſa à moi pour ſe tirer d'embarras, & m'offrit, dans le cas où le Weſtmoreland ſeroit pris, de me payer 1,800,000 liv. tournois ſi je voulois m'engager à le livrer en Angleterre avec ſes équipages, ſans y rien toucher : la politique de cette

Compagnie, dans un arrangement de ce genre, étoit de tirer vengeance de l'infidélité, ou du moins de diminuer ses pertes.

En effet, si le vaisseau le Westmoreland étoit pris par les François, sans, comme il arrive en pareil cas, qu'il pût y avoir pour cette Compagnie aucune certitude de l'état de sa cargaison, alors elle se trouvoit obligée de payer aux Armateurs 2,500,000 livres; si au contraire le vaisseau pris par les Anglois étoit conduit en Angleterre avec la certitude de son entière cargaison, alors les Armateurs n'avoient rien à demander, & la Compagnie, au-lieu de leur payer 2,500,000 livres, n'avoit à payer que 1,800,000 livres, ce qui faisoit pour elle une diminution de 700,000 livres.

En conséquence, les assureurs me remirent un état exact du chargement du Westmoreland, qui me fit connoître sa juste valeur. J'acceptai la proposition, & nous fîmes un acte conditionnel, portant que dans le cas où je parviendrois à rendre ce navire en Angleterre, s'il venoit à être pris, la compagnie me payeroit la somme ci-dessus mentionnée.

Je crus l'affaire d'assez grande importance pour faire le voyage de Londres à Versailles; je rendis compte de cet arrangement à M. de

Sartine ; j'offris de déposer la somme de
1,200,000 livres, tant pour les tiers revenant
au Roi, en cas de prise du navire, que pour
les deux tiers revenans aux équipages capteurs,
si le Ministre pouvoit me faire remettre ce navire
pour le conduire en Angleterre. M. de Sartine
avoit assez de confiance en moi pour croire que
je ne lui en imposois pas sur sa juste valeur; il
voulut bien entrer dans mes vues, qui tendoient
à m'assurer, comme on voit, un bénéfice de
600,000 liv. sans nuire ni au Roi, ni aux équipages des deux vaisseaux qui étoient à portée de
cette prise ; il eut même l'attention de faire
écrire aux Capitaines de ces vaisseaux pour les
prévenir de mes offres.

Environ quinze jours après, le Ministre reçut
la nouvelle de la prise du Westmoreland, faite
par le *Caton* qui l'avoit conduit à Malaga. Il
m'en donna avis, me dit de tenir mes fonds
prêts à l'Hôpital de Toulon, & qu'ensuite, il
me feroit expédier un ordre du Roi, pour que
le bâtiment fût relâché, & qu'il joindroit à cet
ordre un passe-port, afin de le conduire avec
sûreté en Angleterre. Je n'avois pas en caisse
cette quantité d'argent : on me fit passer de
Londres ce qu'il y manquoit. Dans l'intervalle,
M. de Sartine reçut une réponse à la lettre

qu'il avoit fait écrire ; il apprit que l'Equipage
d'un des Vaiffeaux capteurs acceptoit mes offres,
mais que l'autre les refufoit, alléguant que la
paix valoit mieux que deux millions. Le Capitaine du Weftmoreland fut fans doute confulté
fur cette valeur : il étoit de fon intérêt d'empêcher que le navire retournât en Angleterre,
parce qu'il avoit part au bénéfice de la fraude :
en conféquence il perfuada aux Officiers François
qu'il étoit du double plus riche que le prix que
j'en offrois. M. de Sartine, qui voyoit la chofe
comme elle devoit être vue, fut fur le point
d'employer fon autorité pour la conclure ; & il
pouvoit le faire avec d'autant plus de juftice,
qu'entrant au nom du Roi pour un tiers dans
le bénéfice de la prife, & ayant le confentement
d'un des Equipages pour l'autre tiers, cette
prépondérance devoit l'emporter ; mais je pré-
vins les murmures que ne manqueroit pas
d'élever l'Equipage réfiftant, & je craignis qu'il
n'imputât au Miniftre d'avoir voulu me favorifer à fon préjudice. Je pris la liberté de lui
en faire moi-même l'obfervation, & j'abandonnai cette affaire. Les Equipages furent loin
de s'en applaudir ; car environ un mois après,
lorfqu'on travailla au déchargement du navire
pour en faire la vente, la majeure partie des

marchandifes fe trouva tellement avariée , que la totalité fut vendue au-deffous de 500,000 liv. & à crédit.

Il réfulta de-là que les Equipages perdirent 800,000 liv. d'argent comptant, que je n'en gagnai pas 600,000 liv. & que la Compagnie d'affurance d'Angleterre perdit tout.

Enfin le Miniftre , pour me mettre à portée de travailler utilement pour moi, en faifant les affaires du Roi, m'avoit accordé une grace peu commune ; c'étoit deux paffe-ports pour deux bâtimens Anglois, au moyen defquels je pouvois faire le commerce fans rifque. Je joints ici la copie de la lettre qu'il me fit l'honneur de m'écrire à ce fujet, datée de Verfailles le 30 Juillet 1778 , dont la teneur fuit :

Je vous préviens, Monfieur, que Sa Majefté eft difpofée à vous accorder les paffe-ports que vous demandez pour deux bâtimens Anglois, qui prendront leur chargement dans un ou plufieurs ports d'Angleterre, pour les porter, foit aux Colonies Françoifes, foit dans un de nos ports de la Méditerranée. Comme les paffe - ports doivent contenir le nom des Capitaines, ceux des bâtimens, le nombre des Equipages & le port des tonneaux, je vous prie de m'adreffer

les renfeignemens, afin que je puiffe les faire
expédier. J'ai l'honneur, &c. *Signé* DE SARTINE.

On peut juger des avantages immenfes que
j'aurois pu retirer d'une pareille faveur, fi j'euffe
voulu en faire ufage pendant le temps de la guerre;
mais cela auroit exigé des foins que les circonftances relatives au fervice du Roi, auquel je me
devois de préférence, ne m'ont pas permis de
prendre; &, par un hafard heureux, la fortune
m'avoit offert des moyens plus courts, & dont
mon ambition étoit fatisfaite.

CHAPITRE VI.

Nouveau projet contre l'efcadre ennemie;
pertes à mon préjudice; embarras dans
lefquels je me fuis trouvé.

A la fin de Janvier 1779, je fortis de la
Tamife, comptant me réunir à une deuxieme
flotte qui s'affembloit encore aux Dunes; mais,
comme elle n'étoit pas prête à partir, j'allai
jeter l'ancre à *Spithéad*.

Tous les vaiffeaux de l'efcadre Angloife y

mouillèrent dans un grand défordre. Le procès qu'on fit à l'Amiral Keppel, peu de temps après, ajouta beaucoup à cette efpèce d'abandon, tous les Officiers fupérieurs affiftants au Confeil de guerre : j'entrai de nuit, & je mouillai au milieu de l'efcadre, fans exciter la plus légère défiance : cette facilité me fit concevoir un projet, que je m'empreffai de communiquer au Miniftre, en me faifant débarquer en France pour me rendre à Verfailles.

Je lui propofai de faire armer en toute diligence, à Breft, deux brûlots, que j'irois prendre, & que je conduirois à Porfmouth, à la fuite de mon bâtiment, comme deux prifes ; que tandis que j'entrerois avec un de ces brûlots par *Spithead*, l'autre pafferoit par les *Aiguilles*, pour arriver de nuit fur la fin du flot ; qu'on mettroit le feu en même temps, un en tête & l'autre en queue de l'efcadre, ce qui indubitablement la confumeroit en entier. J'ajoutai que le fort le moins fâcheux qui pût arriver aux vaiffeaux qui ne feroient pas brûlés, feroit d'échouer, parce qu'au milieu de la nuit, le feul parti qu'on auroit à prendre, c'étoit de couper les cables, & qu'avant d'avoir pu mettre des voiles dehors pour foutenir le bâtiment,

il

il seroit naufragé : le mouillage de *Spithéad* étant étroit, ne permettoit aux vaiffeaux de dé-river ni de fortir de nuit fans péril.

Je me chargeai de conduire un des brûlots, & mon Capitaine s'engagea de conduire l'autre, au moyen de 25,000 liv. fterlings, qu'on lui paieroit, & une penfion du Roi de 12,000 liv. en France, où il s'établiroit.

Je propofai auffi au Miniftre de France de faire armer un autre bâtiment, avec 200 hom-mes de Troupes de débarquement, efcorté de deux frégates & d'un vaiffeau, pour s'emparer en même-temps de la fortereffe de *Harre-Caftel*, qui défend le paffage des *Aiguilles*.

M. de Sartine agréa ce projet, & donna des ordres à Breft pour armer en brûlots deux gros bâtimens. Il me commanda de faire toutes les difpofitions néceffaires pour faciliter la fur-prife de *Plimouth*, fi on vouloit la tenter en même-temps qu'on agiroit contre l'efcadre Angloife. Il ratifia les promeffes que j'avois faites à mon Capitaine & à quelques Officiers, qui ne devoient avoir leurs effets qu'après le fuccès. Je retournai m'embarquer près du Havre, où mon bâtiment m'attendoit. Il s'étoit chargé d'eau-de-vie pendant mon abfence, conformé-ment à mes intentions.

E

Je me préfentai le lendemain à l'entrée des *Aiguilles* , & le foir je déchargeai dans le fort tout ce que j'avois à bord , avec autant de confiance & de facilité que la première fois.

La grande flotte affemblée aux Dunes étant au moment de partir avec celle de la Compagnie des Indes, j'en donnai avis à M. de Sartine , qui fit tenir prête à Breft une divifion pour l'intercepter.

Dans ces entrefaites , je fus appelé à Londres par un évènement affez défagréable. J'avois frété pour Breft un vaiffeau Efpagnol , appelé *la Noftra Senora de Bigougne* , *Capitaine Voldon*. Ce bâtiment étoit du port de 200 tonneaux : je devois payer trois mois de fret à cent livres fterlings par mois ; le Capitaine s'étoit engagé , par la *charte-partie* , de relâcher dans tous les ports où je voudrois le faire entrer fur la route de Londres en Efpagne , en lui payant trois louis par chaque jour de relâche. Je donnai commiffion à un Banquier de Londres , à qui j'avois confiance , de completter le chargement de ce navire. On embarqua 40 tonneaux de bière, 40 tonneaux de cuivre, & le furplus en plomb : le tonneau de cuivre me coûtoit , rendu à bord, 2000 liv. ; le Roi le payoit à Breft environ 5000 liv. : fur les 40 tonneaux, j'aurois

eu un bénéfice de 40,000 écus. La fpéculation
étoit bonne, mais il y avoit des rifques : il étoit,
& il eft encore défendu , fous de groffes peines ,
de fortir d'Angleterre du cuivre en feuilles
propre à doubler les vaiffeaux. Je fus obligé de
confier à mon Banquier & au Capitaine Efpagnol la deftination du bâtiment. Le chargement
s'étoit fait pendant mon dernier voyage à Paris.
De retour à *Porfmouth*, je reçus avis de l'Amirauté que le Capitaine Efpagnol avoit été déclarer qu'il étoit frété pour Breft. Il vouloit,
par cette déclaration, faire confifquer la cargaifon & en gagner une partie. Le Secrétaire
qui me fervoit, me dépêcha un Courrier, avec
invitation de me tranfporter fur - le - champ à
Londres, pour prévenir le malheur qui me
menaçoit. Je ne perdis pas de temps, fort heureufement ; car un jour plus tard tout étoit perdu.
Je m'adreffai au Banquier qui avoit fait le chargement (il étoit de moitié dans la friponnerie ,
mais je l'ignorois) ; je lui propofai de lui
paffer tous les connoiffemens en fon nom ou
de lui en faire la vente. Il préféra ce dernier
parti, à des conditions très onéreufes pour moi ;
mais, comme il n'y avoit pas de temps à perdre,
j'en paffai par tout ce qu'il voulut : je perdis
25,000 liv. fur le prix principal : je fus en outre

E 2

obligé de payer tous les frais de débarquement & de transport, ainsi que le fret du navire, comme si le voyage eût été fait. Je perdis dans cette entreprise 2000 louis environ, au-lieu de 6000 que j'y aurois gagné si je n'eusse pas eu affaire à des frippons.

J'éprouvai peu de jours après un deuxième échec, qui me causa moins de mal, mais plus de frayeur. En quittant *Portsmouth* pour me rendre à Londres, j'avois donné ordre à mon Capitaine de venir m'attendre à *Marguette*, où je le rejoindrois : il s'y rendit ; & le jour que j'arrivois, je le trouvai à terre, avec quelques Officiers du bâtiment qui étoient venus à ma rencontre. Il étoit nuit, nous y couchâmes tous. Vers deux heures du matin, je fus éveillé par le Capitaine, qui entra en chemise dans ma chambre une lumière à la main. Il s'approcha seul de mon lit, & me dit à demi-voix : *Seigneur Comte, nous sommes perdus : il y a dans ma chambre un Messager d'Etat, qui est arrivé cette nuit : il écrit de l'autre côté, & va rentrer chez vous dans la minute, pour vous arrêter. Je le suis déjà : voyez mes gardes. Comment,* lui dis-je, *nous sommes donc trahis ? Il faut que cela soit,* me répondit-il. Je sortis du lit pour m'habiller, avec autant de frayeur qu'on pouvoir en avoir en pareille circonſtance. *Il y auroit peut-être moyen de nous tirer de ce mauvais pas*, me dit mon Capitaine ; *je connois le Meſſager d'Etat ; il eſt grand ami du Gouverneur. . . . . . Prenez patience un moment, je vais lui parler.* Au bout de deux minutes, il revint me dire, qu'il dépendoit de moi de nous ſauver ; que le Meſſager d'Etat demandoit mille pièces (24,000 liv.) , pour dire qu'il nous avoit manqués , & que nous étions en mer lorſqu'il eſt arrivé. *Mille pièces ſoit*, dis-je ; & ſur le champ je lui remis deux billets de 500 livres ſterlings chacun, au moyen deſquels le Meſſager d'Etat ſe retira. Nous nous habillâmes promptement, & ſans perdre de temps, nous gagnâmes le bâtiment. Il fallut encore donner quelques guinées au Pilote pour le faire conſentir à lever l'ancre, parce qu'il étoit nuit (1). Le

(1) Tous les vaiſſeaux & bâtimens quelconques ſont obligés de prendre un Pilote à l'entrée de la Tamiſe ou à Londres ; dès qu'il eſt à bord, il eſt maître : le Capitaine n'a pas le pouvoir de le faire marcher, s'il veut mouiller, on lui paye une demi-guinée par pied d'eau que tire le bâtiment ; s'il fait naufrage, ou qu'il éprouve du dommage, la Compagnie des Pilotes en eſt reſponſable, ce qui eſt cauſe qu'ils ne voyagent que très-rarement de nuit dans la rivière.

sur-lendemain nous mouillâmes aux Dunes : j'étois d'avis de gagner le large ; mais mon Capitaine infifta pour refter avec la grande flotte , en m'affurant qu'il n'y avoit plus rien à craindre (1).

La flotte ayant reçu ordre d'appareiller , je mis à la voile , & j'arrivai à l'entrée de la Manche 24 heures avant elle. Je rencontrai fur Oueffant un convoi françois venant de Saint-Domingue , dont nombre de bâtimens , deftinés pour le Havre & Saint-Malo , prenoient la route de ces ports : un calme plat qui dura trois jours nous furprit dans cette pofition. La force du courant fit dériver fur moi deux de ces bâti-mens , du port de 500 tonneaux chacun. Je les hêlai , pour les prévenir du danger où ils étoient, en leur confeillant de changer de route & d'entrer à Breft. J'en hêlai fucceffivement cinq ;

_____

(1) Il étoit fûr de fon fait , c'étoit un tour qu'il m'a-voit joué pour me voler cette fomme. Un de fes amis faifoit le Meffager d'Etat , je n'en fus informé que deux mois après par un de fes neveux qu'il avoit maltraité , & qui , pour fe venger de lui , me rapporta la fripponnerie de fon oncle , à laquelle il avoit auffi contribué ; je ne lui en ai jamais parlé, dans la crainte que fe voyant démafqué, il ne fût tenté de me jouer quelques plus mauvais tours.

ils répondirent qu'ils fuivroient le confeil que je leur donnois, ainfi que le refte du convoi. Je fis tous mes efforts pour rentrer à Breft, pendant que le calme dura ; mais il me fut impoffible d'y réuffir, malgré la légèreté de mon navire : ce qui fut fort heureux pour le convoi François ; car, dès que le calme ceffa, ces mêmes bâtimens, au-lieu de fuivre l'avis que je leur avois donné, firent voile pour la Manche. Piqué de leur mauvaife conduite, je leur tirai à chacun une bordée, ce qui les obligea à changer de route. Deux de 500 tonneaux, qui fe trouvoient plus engagés que les autres dans la Manche, furent obligés de s'échouer fur la côte. Je bleffai quelques hommes à leur bord, & je forçai les autres à enttrer devant moi à Breft, par le paffage *du Four*.

En paffant devant *Berthaume*, je rencontrai deux frégates qui fortoient du Goulet ; je fis fignal que j'avois à parler. Elles mirent en panne, & me dirent qu'elles étoient envoyées à la pourfuite d'un corfaire, qui faifoit de grands ravages fur la côte. Leur ayant dit que c'étoit le mien, elles mouillèrent. Dès que j'eus jeté l'ancre dans la rade, je me rendis chez M. le Comte d'Orwilliers, pour l'informer du paffage du convoi Anglois, de fa route & de fes différents points de ralliement. Il fit fortir une divifion de fix vaiffeaux, avec plufieurs frégates, qui fe tranf-portèrent à la latitude où l'efcorte Angloife de-voit abandonner le convoi.

On apprit quinze jours après, que la divifion Françoife étant arrivée à la latitude indiquée, y avoit établi fa croifière *eft-oueft* : que le convoi Anglois étoit paffé à dix heures de nuit dans fes eaux ; qu'il avoit reconnu l'efcadre françoife aux feux qu'elle portoit ; ce qui l'avoit déterminée à forcer des voiles & à changer de route. Les vaiffeaux François étant arrivé au point du jour pour courir *eft*, reconnurent trois bâtimens traîneurs, qui furent pris, & qui déclarèrent faire partie du convoi général, qui avoit paffé efcorté d'un feul vaiffeau.

Si la divifion Françoife fût arrivée deux heures plus tard la veille, ou que le convoi Anglois fût arrivé deux heures plutôt, il eût vraifemblable-ment été enlevé en entier ; mais ce ne fut la faute de perfonne. J'en reviens actuellement à ce qui me concernoit. J'étois fur un corfaire Anglois bien armé, & monté par des gens dé-terminés à tout entreprendre pour faire un coup de main. La vue de cinq à fix bâtimens marchands offroit une fortune. Il m'eût été affez facile d'en amariner trois & de rançonner les autres, fur-tout, ayant derrière moi la flotte Angloife, que je ne pouvois manquer de joindre en quatre heures de temps.

Pendant huit jours que je fus au milieu de ces bâtimens, j'en abordai deux, à qui je parlai long-temps, & qui reconnurent que mon équipage étoit Anglois. Ils avouèrent que fi je leur euffe dit d'amener, ils l'euffent fait fans aucune réfiftance.

J'avois des lettres de repréfailles pour faire la courfe; ces bâtimens auroient été de bonne prife : je parvins néanmoins à contenir l'Equipage, en promettant 10 liv. fterlings à chaque Matelot, lorfque nous ferions mouillés à Breft. Cela ne fatisfit pas tout le monde; mais mon Capitaine ne manqua pas de fermeté dans cette occafion : il menaça de caffer la tête au premier qui laifferoit échapper le plus léger murmure; ce qui fit taire les mutins.

Je n'étois pas trop en fûreté pendant tout le temps que nous fumes en préfence : d'un moment à l'autre, le fentiment du Capitaine & de l'Equipage pouvoit changer; & je ne conçois pas encore aujourd'hui comment il n'a pas cédé à l'appât de s'emparer de ces bâtimens, qui valoient l'un portant l'autre 500,000 liv. il avoit d'autant plus de facilité à le faire, qu'il favoit

que jamais je n'aurois ofé réclamer contre lui
en Angleterre , & que par ce moyen il pouvoit
s'enrichir fans danger : mais il fut fidèle à fes
engagemens , & mes frayeurs furent vaines.

Il y avoit fur mon bâtiment neuf Matelots
François , que j'avois pris à bord du Carnatique ,
vaiffeau de la Compagnie des Indes Françoife ,
qui mouilla près de moi dans la Tamife.

Ces neuf Matelots, parmi lefquels fe trouvoient le Maître & le contre-Maître du vaiffeau ,
me parurent gens de courage : je leur communiquai mes craintes fur la conduite de l'Equipage , & leur propofai de les armer fecrètement,
ce qu'ils acceptèrent ; & au moyen d'un poignard , d'une petite hache d'armes , & d'une
paire de piftolets , dont ils fe pourvurent , une
partie de mon Equipage eût été mis hors de
combat , s'il eût voulu contrevenir à mes ordres ,
ce qui auroit fuffi pour épouvanter le refte ;
mais toutes ces précautions furent inutiles ,
parce que chacun refta dans le devoir.

Dès que j'eus mouillé dans la rade de Breft ,
le Général fit défenfe à qui que ce fût d'approcher de mon bâtiment. Je défendis également
à mes gens de le quitter fous aucun prétexte ;
j'y fis porter des rafraîchiffemens , que l'équipage
eut à difcrétion pendant un mois qu'il refta dans

la rade. Je diftribuai en outre 800 liv. fterlings
de gratification, 10 liv. fterlings par Matelot,
& le furplus aux Officiers, pour les récompenfer
de leur bonne conduite. Je partis de Breft, le
furlendemain de mon arrivée, pour me rendre
à Verfailles, conformément aux ordres que
j'avois reçus du Miniftre; je l'informai de tout
ce qui m'étoit arrivé, & fur le compte qu'il
eut la bonté d'en rendre au Roi, Sa Majefté
daigna m'accorder une penfion de 6000 livres,
je joins ici la copie de la lettre que le Miniftre
me fit l'honneur de m'écrire à ce fujet, le 4
Avril 1779.

« J'ai mis fous les yeux du Roi, Monfieur,
les fervices que vous avez rendus jufqu'à préfent, & Sa Majefté a été très-contente du zèle
ardent & infatigable que vous avez montré. Elle
compte que vous continuerez, avec le même em-
preffement, à en donner des preuves; pour vous
en fournir les moyens, & vous donner en même
temps un témoignage de fa fatisfaction, Sa
Majefté vient de vous accorder un traitement
de 6000 liv. par an, à commencer du premier
Janvier de cette année, lequel fera payé, foit
en totalité par les fonds de la Marine, foit
moitié par ce département, & moitié par celui
des affaires étrangères. Je vous informe avec

plaisir de cette grace de Sa Majesté, & suis bien persuadé qu'elle ne fera que redoubler votre attachement à son service ».

J'ai l'honneur, &c.

Signé DE SARTINE.

CHAPITRE VII.

Précautions prises par le Ministre pour vérifier mes observations ; départ de M. de B..... avec moi ; embarras imprévus ; notre séjour à Plimouth & au Dock ; visite du Gouverneur de cette Place ; enlevement de mon équipage ; malheur réparé par ordre du Gouverneur.

MES Mémoires de reconnoissance, & les moyens d'attaque que j'avois proposés, ayant été examinés dans la comité des Ministres, on y décida que si les choses étoient disposées ainsi que je le représentois, il étoit de l'intérêt de l'Etat d'agir, & de profiter de la négligence de l'ennemi ; mais, comme j'avois différens faits extraordinaires & difficiles à croire, on y arrêta de plus qu'on acceptoit la propofition que j'avois faite, de conduire en Angleterre un Officier de confiance, choifi par le Miniftère, pour conftater, par fon rapport, la vérité de ce que j'avois avancé, ainfi que pour me rectifier dans les points que j'aurois pu mal reconnoître ; en conféquence, on nomma M. de B......, Officier du Génie, qui eut ordre de fe rendre à la Cour.

Cet Officier étant arrivé, nous nous rendîmes chez le Miniftre de la Guerre, où il fut informé de la commiffion dont on vouloit le charger. M. le Prince de Montbarey lui dit, que s'il l'acceptoit il feroit récompenfé de la croix de St.-Louis, du brevet de Lieutenant-Colonel, & d'une penfion de 4000 liv.; & à moi, il me promit, fi je le ramenois avec le fuccès de fa miffion, le brevet de Colonel, la croix de St.-Louis, & une penfion. Il fe fervit de ces mots : « C'eft » de la part du Roi que je vous promets ces » graces, ce font les intentions de Sa Majefté, » qui m'a commandé de vous les communi- » quer ».

M. de B....... demanda 24 heures pour réfléchir fur les périls de la commiffion, après quoi il fe décida à s'en charger. Le Miniftre lui remit toutes fes inftructions, avec une gratification de 12,000 liv., qu'il toucha fur le champ, après quoi nous partîmes pour Breft.

Le jour que nous y arrivâmes, noûs nous embarquâmes fur mon bâtiment, qui mit à la voile fans délai. M. de B....... ayant defiré de commencer fa reconnoiffance par *Plimouth*, nous dirigeâmes notre route vers ce Port, où nous arrivâmes le fecond jour de notre navigation, avec un vaiffeau qui venoit d'Amérique, & qui mouilla en même temps que nous dans le Sund, à côté de la frégate commife à la garde du Port.

Le malheur voulut que tout mon équipage fe trouva pris de vin au moment de mouiller, ce qui faillit à avoir des fuites bien fâcheufes.

La frégate....... ayant hêlé pour demander le nom du bâtiment qui mouilloit, & d'où il venoit, mon Capitaine étant ivre, répondit avec infolence. Le Capitaine de cette frégate couchoit au Dock. Le Lieutenant qui commandoit à fa place fe trouvant offenfé de la réponfe, fit fur le champ mettre fa chaloupe à la mer, & arriva à notre bord avec 25 hommes armés. Nous étions à fouper fort tranquillement lorfqu'il entra dans la chambre avec une partie de fes gardes, & d'un ton de maître demanda à qui appartenoit le bâtiment, & qui étoit l'infolent qui lui avoit répondu.

M. de B.: : : : ..., tout effrayé, se sauva dans la foule des Matelots sur le pont. Mon Capitaine, un peu étourdi de l'escalade du bâtiment, répondit imprudemment : *il appartient à ce Gentilhomme*, en me montrant. J'étois habilié en Matelot, ainsi que M. de Berthois. L'Officier, étonné de me voir dans cet équipage, me demanda s'il étoit vrai que le vaisseau fût à moi, je lui répondis *oui* en françois. Son étonnement redoubla en voyant le Capitaine embarrassé. Il nous dit qu'il étoit de son devoir de nous arrêter, & moi, comme maître du navire, de me conduire au Dock.

En passant sur le pont, pour descendre dans sa chaloupe, j'apperçus M. de B......., je lui serrai la main, & lui remis cent guinées que j'avois en espèces sur moi. Je le recommandai à deux Matelots de confiance, pour le sauver le lendemain, s'il étoit possible, après quoi j'abandonnai mon bâtiment. Vers une heure du matin, nous approchâmes du Dock, je demandai, comme par réflexion, à l'Officier qui m'accompagnoit, s'il connoissoit M.......... (1); il est ami du Capitaine de la frégate, me dit-il,

_____

(1) Homme en place, mon Correspondaut.

mais quant à moi je le connois peu. Cela étant,
dis-je, nous le demanderons en arrivant. Lorfque nous fûmes au Dock on me conduifit à
l'Amirauté, nous demandâmes M........;
pendant qu'il fe levoit, on me fit entrer dans fa
falle avec les gardes qui m'avoient conduit. Il fut
un peu furpris en me voyant, mais, fans perdre
la tête, il fe fit rendre compte des motifs qui
avoient caufé mon arrêt; après quoi il dit à
l'Officier d'un ton ferme : vous avez eu tort
de molefter ce Gentilhomme, vous pouvez vous
en retourner à votre bord, & faire retirer fur
le champ vos foldats du *Sloop*.... (1) Il me
prit enfuite en particulier, je lui détaillai notre
accident. Il fentit que la pofition étoit délicate,
il me laiffa occupé du foin d'écrire à M. de
Sartine, pour le prévenir du malheur qui nous
menaçoit ; j'écrivis pareillement à mon Agent
principal à Londres, afin qu'il fe tînt fur fes
gardes. Ces dépêches furent remifes à un de
mes Courriers, qui partit fans délai.

Pendant que j'écrivois, mon Agent étoit allé
trouver le Capitaine de la frégate; il me l'amena

_____

(1) Il eft effentiel d'obferver que les foldats qui m'a-
voient conduit étoient préfens.

vers

vers 4 heures du matin , & au moyen d'un mandat de 1500 liv. sterlings , que je donnai sur mon banquier à Londres , il s'en retourna à son bord , & fit retirer 20 hommes qui étoient restés à la garde du *King'stown*. Il ne perdit pas la tête dans cette occasion , & pour prévenir tout soupçon sur l'accord que nous venions de faire, il dit à mon Capitaine, qui étoit sur la frégate , en l'informant de l'arrangement que nous avions fait, d'aller sur le champ débarrasser mon navire de tout ce qui pouvoit le rendre suspect ; en conséquence , dès qu'il y fut arrivé , il fit jeter à la mer toutes les barriques d'eau-de-vie & de vin qui y étoient, afin qu'il ne restât aucun indice qui pût faire connoître d'où ce bâtiment venoit.

Vers les neuf heures je retournai à mon navire ; je trouvai M. de B....... dans la cale, enveloppé dans son hamak , où il s'étoit tenu caché toute la nuit ; nous nous embrassâmes de bon cœur.

Je fis repêcher une partie de ces barriques. On en trouva plusieurs de conservées dans les rochers du rivage. Les autres s'étoient brisées. Elles furent conduites à Plimouth, ainsi que deux sacs, contenant quatre cents pièces de batiste & différentes autres marchandises. Les gardes de

F

la douane transportèrent tout cela dans la ville,
au moyen d'une gratification.

M. de B....... & moi changeâmes d'habil-
lement, après quoi nous nous rendîmes à *Plimouth* pour y occuper un appartement qui nous
y étoit préparé.

Les soldats qui avoient été laissés à mon bord,
ayant cru le bâtiment de bonne prise, firent
main basse de tout ce qui pouvoit s'emporter. Je
m'en plaignis, & afin que les choses eussent
l'air d'être faites en règle, le Lieutenant fut
condamné à payer dix guinées pour les dommages.

Les trois premiers jours, M. de B.......
s'occupa de la reconnoissance de la citadelle,
qu'il parcourut intérieurement & extérieurement;
ensuite il reconnut les différents ports & rades.

Le quatrième jour de la reconnoissance nous
revenions du *Dock*, il étoit six heures du soir;
nous trouvâmes à la porte de notre logis six
gardes & une voiture. Cette vue n'étoit pas
agréable, mais il n'y avoit pas à reculer,
il fallut entrer. Il y avoit dans la salle
M............, Gouverneur du *Dock*, à qui
e fus présenté par l'homme chez qui nous
logions. Il nous reçut sans quitter son fauteuil.
J'eus d'abord mauvais augure de cet accueil,

mais ce n'étoit que l'effet d'une indisposition qui
ne lui permettoit pas la liberté de ses mouvemens.

« J'ai su, Monsieur, me dit-il , que vous
» étiez ici depuis trois jours; je suis venu pour
» vous faire mon compliment & vous offrir mes
» services. Je comptois avoir l'honneur de vous
» recevoir chez moi au *Dock*; apparemment
» que la défense d'y laisser entrer des étrangers
» vous aura empêché d'y venir, mais cet obs-
» tacle sera levé pour vous , & je vous invite
» à venir me voir : je vous y recevrai de mon
» mieux ».

L'étonnement où je fus, de l'entendre, m'ôta
presque la faculté de lui répondre ; je me ré-
cueillis néanmoins pour lui témoigner combien
j'étois sensible à l'honneur qu'il me faisoit , &
j'ajoutai que véritablement sans la défense ,
(j'ignorois absolument cette défense) je n'aurois
pas manqué de satisfaire au desir que j'avois
de faire connoissance avec une personne d'un
aussi grand mérite, & de lui rendre mes devoirs;
que puisqu'il me le permettoit j'aurois cet honneur à mon premier voyage. Après beaucoup
d'honnêtetés réciproques, nous parlâmes de différentes choses.

La conversation tomba naturellement sur
l'état de sa place. Je lui demandai s'il avoit une

forte garnifon, s'il étoit bien pourvu de vivres & de munitions de guerre ; il répondit à mes queftions avec toute la franchife poffible. « Je n'ai pas, nous dit il, trois cents hommes de milice au *Doek*, on a tout enlevé pour l'Amérique. Il n'y a pas quatre cents ouvriers dans les chantiers, pour travailler à fix vaiffeaux de ligne qui y font en conftruction. Quant aux vivres, nous n'en manquerons pas ; il s'en prépare ici pour le ravitaillement de toute l'armée. Nous fommes dépourvus de munitions de guerre, on les a toutes prifes ». Après deux heures de converfation il prit congé de moi avec de grandes protefta-tions d'eftime & d'attachement (1).

M. de B......., qui avoit fué les groffes gouttes pendant tout le temps que dura cette vifite, & qui trembloit à chaque queftion que je faifois, ne fut pas entièrement remis de fes frayeurs ; après le départ du Gouverneur, il vouloit abfo-lument fe retirer à bord de mon bâtiment pour

---

(1) Il y a trois ans paffés que je reçus cette vifite, je ne puis l'attribuer qu'à l'opinion que mon correfpondant, dans la même place, s'étoit plu à lui donner de ma per-fonne, & pour nous mettre à l'abri l'un & l'autre des foupçons que pourroit faire naître l'aventure relative à mon navire.

y chercher de la sûreté, & y coucher. Il fallut
me fervir de mon autorité pour défendre aux
Canotiers de l'y tranfporter, & ce fut fon bon-
heur ; car, fi j'euffe confenti à ce qu'il defiroit,
il étoit perdu, & nous ferions retombés dans
des embarras mortels.

Le vaiffeau l'Union, de quatre-vingt-dix canons, étoit forti du *Dock* la veille pour fe rendre
en Amérique ; il mouilloit près de la citadelle,
faute de vent. Comme fon équipage étoit très-
foible, il envoya, pendant la nuit, enlever avec
fes chalouppes ceux de quatre bâtimens qui
étoient dans la rade ; le mien fut du nombre. Il
ne refta à bord qu'un Mouffe, & le Secrétaire
qui s'étoit caché dans des tonneaux. Tous les
Matelots & Officiers furent pris, & conduits en
chemife fur l'Union. Si M. de B...... fe fût
trouvé dans le nombre, il eût eu le même fort.
La frayeur qu'il auroit eue, fon langage, tout
l'eût décélé ; ce qui nous auroit expofés à de
grands périls.

A fept heures du matin nous fumes informés
de ce nouveau contretemps : ce n'étoit pas une
petite affaire que d'y rémédier. Après en avoir
examiné les moyens, je m'arrêtai au plus hardi,
qui fut de me rendre à bord de l'Union pour y
reclamer mon équipage. Le Capitaine me l'ayant

refufé, alléguant la diferte des Matelots où il
fe trouvoit, je me fis conduire au *Dock*, chez le
Gouverneur qui m'avoit témoigné tant de bien
veillance la veille. Je lui demandai juftice, il fe
fit un devoir de me la rendre, & m'ayant fait
accompagner par un Officier chargé de fes
ordres, le Capitaine de l'Union fut obligé de
renvoyer à mon bord tout mon monde, à la
réferve du Cuifinier qu'il avoit fait cacher, &
qui ne me fut pas rendu; il s'excufa de fon
mieux, & nous nous quittâmes bons amis après
qu'il m'eut bien fêté.

Ce furcroît d'événemens caufa tant d'étonnement à M. de B........, que fi fa reconnoiffance eût été finie, il feroit parti fur le champ,
pour s'éloigner d'un féjour auffi inquiettant. Il
employa néanmoins encore deux jours à la rendre
parfaite.

CHAPITRE VIII.

Opération avantageuse pour moi ; achat pour le compte du Roi ; œuvre de bien-faisance ; mes transports succeſſifs avec M. de B...... dans différentes Places ; les reconnoiſſances qu'il en fit ; notre retour en France.

Il y avoit dans le port de Plimouth quatorze bâtimens marchands françois à vendre à cri public ; je me portai adjudicataire d'une partie. Neuf me furent adjugés pour la ſomme de 4,600 liv. ſterlings. Lorſque la reconnoiſſance de M. de B...... fut finie, je les fis conduire à Londres avec les Matelots du *King'stown.* Ils furent vendus, 13 , 14 & 1500 liv. ſterl. chacun ; cette opération me procura, de bénéfice, déduction faite de ce que je donnai à l'équipage en gratification , 7,000 liv. ſterlings, c'eſt-à-dire , 168,000 liv.

J'achetai auſſi avant de partir, mais pour le compte du Roi , le corſaire l'Epervier, de

quatorze canons ; tout armé , pour le prix de
1,200 liv. fterl. Je deftinai ce navire à remplacer le *King'stown* qui avoit befoin d'être réparé;
& d'ailleurs il étoit important d'avoir deux bâti-
mens en fonctions pour l'exécution des grandes
entreprifes qu'on méditoit.

M. de B....... ayant trop de peine à fupporter la mer, nous prîmes le parti d'envoyer
mon bâtiment à Portfmouth , & de nous y rendre
en pofte.

Avant de partir nous fumes vifiter les prifon-
niers François, à qui je diftribuai une guinée par
dix hommes, ainfi que je l'avois toujours pratiqué
dans toutes mes tournées.

La veille de notre départ , vers les huit heures
du foir , on vint m'avertir que plufieurs perfonnes me demandoient dans la cour de la maifon;
je m'y rendis. J'y trouvai trois Matelots que je
pris pour Anglois, & qui, auffi-tôt qu'ils me virent,
fe mirent à genoux ; je leur demandai ce qu'ils
defiroient , & qui les avoit adreffés à moi.
« Nous fommes François , me dirent-ils , &
déferteurs du vaiffeau l'Union ; nous venons vous
prier de nous fauver ; c'eft le cuifinier de votre
bâtiment , qui eft refté malgré lui à bord de
l'Union; il nous a engagés à venir vous trouver ;
nous fommes vingt de notre bande , les autres

e font difperfés de différens côtés, ils viendront
ous trouver pendant la nuit : votre cuifinier
ous a dit que vous aviez rendu de femblables
ervices à plus de quatre cents de nos compa-
riotes, en les conduifant en France dans vos
ifférens voyages ».

Je ne m'étois pas encore trouvé dans un pareil
mbarras : étoit-ce un piége que le Capitaine
e l'Union me tendoit pour fe venger de ce que
e lui avois retiré mon équipage? étoit-ce vérita-
lement des déferteurs qui fe troúvoient dans la
nisère?

Le defir de rendre fervice à des compatriotes
malheureux l'emporta encore dans cette occafion
ur mes craintes & fur celles de M. de B......,
ui, voyant tout en noir, crut rencontrer fa
erte dans cette bonne œuvre. Je donnai ordre
un maître canotier, qui ne me quittoit pas,
e conduire ces Matelots à mon bord, ainfi que
ous ceux qui arriveroient pendant la nuit, &
ui demanderoient à me parler. J'appris, avant
ion départ, qu'il y en avoit dix-fept d'embar-
ués : mon bâtiment ayant levé l'ancre à huit
eures du matin, tous ces Matelots furent ren-
us à la Patrie, & perdus pour l'Union.

Au moment où je montois en voiture, il
riiva un de ces malheureux. Mon bâtiment

étant parti, je n'eus plus qu'un moyen pour
sauver ; ce fut de lui donner un de mes habits
de le placer derrière ma voiture. Je le ramen
en France sans accident.

Nous passâmes par *Wistork*, petite ville q
servoit de prison aux Officiers François qui
étoient sur leur parole. On ne leur avoit accor
qu'un demi-mille de promenade. L'Agent d
prisonniers, à ma sollicitation, & sur u
lettre que j'écrivis au Gouverneur de *Plimout*
qui étoit un des Commissaires Généraux, étend
leur promenade à trois milles ; nous mîmes de
jours pour nous rendre à Bristol. Lorsque M.
B....... eut reconnu cette place, & que j'y e
terminé différentes affaires qui demandoient r
présence, nous prîmes la route de Londres.

Nous fumes deux jours à y arriver : nous
nous y arrêtâmes pas. Nous en partîmes de su
pour *Portsmouth*, où nous entrâmes à dix heur
du soir. M. de B....... employa deux jours
reconnoître cette place, & la ville de Gospo
après quoi il voulut passer dans l'Isle de Wigt
mais la Mer se trouva si mauvaise qu'il nous
impossible de nous embarquer. Ce contretem
nous détermina à nous rendre en poste à So
themptown. J'y frettai un petit Sloop, dont le p
tron m'étoit dévoué, (c'étoit celui qui retiroit to

es les marchandifes du château *de Harre-Caftel*)
a mer étoit encore houleufe lorfque nous
nîmes à la voile, & M. de B........ fut fi malade
qu'il ne voulut jamais confentir à faire le tour de
'Iflé par eau ; il fe contenta de la reconnoître
ufqu'à l'entrée des Aiguilles ; il reconnut auffi
a forterefle de Harre-Caftel, après quoi nous
evînmes débarquer à Yarmouth, où il fe remit
n peu du mal de mer. Nous y prîmes la pofte
our nous rendre dans les endroits de l'Ifle qui
lemandoient d'être vus. Lorfque la reconnoif-
ance fut finie, nous rejoignîmes le Sloop, qui
toit allé nous attendre à la rade de Ste. Hélène,
où partie de l'efcadre Angloife mouilloit, le
urplus mouillant à *Spithéad*, d'où nous nous
endîmes à *Portfmouth*. Nous vîmes fortir du
port le *Victori*, qui y étoit refté depuis le combat
l'Oneffant. N'ayant plus rien à faire dans cette
olace, nous prîmes la route de Londres. M. de
B........ fit encore quelques reconnoiffances le
ong de la Tamife, après quoi nous nous embarquâmes à bord de mon bâtiment, qui étoit venu
nous attendre à Douvres, d'où nous fûmes heureufement tranfportés à Calais : deux jours après
nous arrivâmes à Verfailles.

CHAPITRE IX.

Projet du Ministre d'après le rapport de
M. de B........; changement apporté
à mon plan; mes nouvelles instructions,
nouvelles avances pour moi faites, &
nouvelles mesures prises en conséquence;
brevet du Roi qui m'assure un vingtième
dans les bénéfices de l'entreprise; ordre
du Ministre pour me rendre à l'armée
combinée.

L<small>E</small> voyage que je venois de faire avec M. de
B........ m'avoit occasionné une dépense de plus
de 50,000 liv. en frais extraordinaires.

Cet Officier ayant remis ses mémoires de
reconnoissance, ils furent confrontés avec les
miens, & se trouvèrent parfaitement conformes.
Nous fumes seulement d'avis contraire dans
quelques dispositions d'attaques.

En conséquence des promesses qui lui avoient
été faites, M. de B........ fut reçu Chevalier de
St.-Louis, obtint le brevet de Lieutenant-Colonel

ec une penfion de 4,000 liv. reverfible à fa
emme & à fes enfans.

Quant à moi, j'obtins le brevet de Meftre-
-Camp de Cavalerie, en date du 5 Juin.
e m'étoit-il pas permis d'efpérer encore la
roix de S. Louis pour récompenfe? & j'en ai
promeffe : car enfin j'avois couru infiniment
us de dangers que M. de B......, à qui
vois fervi de guide.

Son rapport ayant déterminé les intentions des
Miniftres, il fut décidé qu'on feroit les difpo-
tions néceffaires pour attaquer, non-feulement
Plimouth, mais auffi l'ifle de Wigth.

Il n'avoit jamais été queftion entre M. de
artine & moi que d'une furprife, d'une invafion
ibite, dont le fuccès, au moyen des difpofitions
ue j'avois faites, & malgré tous les accidents
ui pouvoient furvenir, étoit certain ; mais quand
on projet fut porté au comité des Miniftres, il
ut d'abord changé dans quelques parties, puis
ugmenté, & finit par être annullé tout-à-fait ;
ependant mes propofitions étoient fimples.

e demandois 4,000 hommes pour Plimouth,
t 500 pour le fort des Aiguilles ; deux vaif-
eaux, deux frégates & deux brulots. Ces troupes
evoient s'embarquer à Breft, comme pour l'A-
mérique ; une fois hors du port, c'étoit mon

affaire de les conduire. J'avois mes bâtimens
qui ne me laiffoient ignorer aucun mouvement
de l'ennemi ; je connoiffois ce qui fe paffoit dans
l'intérieur du cabinet Anglois. J'allois à *Plimouth*
avec autant de fûreté que je fortois de Breft
On étoit dans une tranquillité parfaite ; l'Angleterre n'avoit pas la plus légère idée du danger
qui la menaçoit ; mais on trouva trop foibles les
moyens que j'indiquois, on voulut une entre
prife d'éclat, & cet éclat même pouvoit rendre
le fuccès douteux.

On me donna ordre, ainfi qu'à M. de
B......., de rendre compte à M. le Comte de
Vaux de nos reconnoiffances & de toutes les
difpofitions que j'avois faites en Angleterre ; il
dreffa fur tout cela un projet de campagne &
d'attaque de *Portfmouth*, conformément aux
intentions du Miniftre, & au lieu de 4,500
hommes que je demandois, & de 2,000,000 liv
de dépenfes que je propofois, avec certitude du
fuccès, on affembla une armée de 30,000 hommes, & on dépenfa 50,000,000 liv. pour ne
rien faire, ainfi que je l'avois craint.

Je follicitai toujours fortement le Miniftre
de la guerre pour la Croix de St.-Louis, mais
je ne pus l'obtenir, parce que je perdis fes
bontés, par des raifons fur lefquelles je m'im-

ofe un filence refpectueux. Je fentis toute l'a-
mertume de ce refus, fans que néanmoins il
iminuât rien de mon zèle pour le fervice du
Roi. M. de Sartine s'apperçut de mon chagrin,
me demanda pourquoi je n'avois pas la Croix
e St.-Louis: je lui répondis que je craignois
'en être privé, & je lui en ai expliqué le motif
vec la confiance que fes bontés m'infpiroient
epuis long temps; il en parut affecté, & me
moigna fa fatisfaction de mon attachement
our lui. Il me dit que s'il pouvoit me donner
ne Croix de la Marine, il le feroit fur le
hamp, mais que la chofe n'étoit pas poffible.
& qu'il ne lui convenoit pas non plus de la
emander à M. le Prince de Montbarey dans
e moment, mais il m'affura que je la recevrois
mon arrivée à l'armée.

Il me chargea enfuite de procurer des Pilotes
nglois à l'armée combinée, particulièrement
our le fervice des vaiffeaux Efpagnols, dont
es Officiers n'avoient qu'une connoiffance im-
arfaite de la marche.

Je lui repréfentai que l'argent qui m'avoit été
emis pour les dépenfes courantes fe trouvoit
bforbé depuis le premier Juin, & que j'en
vois fait beaucoup d'extraordinaires; je le fup-

pliai en conféquence de me faire remettre des fonds.

Il me dit que, comme j'en avois à moi, il defiroit que je fiffe face de mes deniers & de mon crédit aux dépenfes du département dont j'étois chargé, pendant la campagne, & qu'il me rembourferoit à la fin; ma confiance extrême en lui ne me fit pas balancer à remplir fes intentions. Je lui remis l'état général des dépenfes qui excédoient les fonds qui m'avoient été remis de la fomme de cents feize mille liv., ainfi qu'on le verra dans la récapitulation fuivante.

Récapitulation générale de fonds reçus.

Les fonds reçus du Miniftre fe montoient, au premier Janvier 1779, à . . . . 690,000 liv.

J'avois touché à Breft, dans le courant de Mars, fur un ordre de M. de la Porte, au tréfor royal. 2,400

Total général des fonds reçus jufqu'au premier Juillet. . . . 692,400 liv.

Récapitulation

Récapitulation générale des sommes payées pour le compte du Roi jusqu'au premier Juillet 1779.

Savoir;

Suivant le premier arrêté de compte, les dépenses se montoient, jusqu'au premier Janvier 1779. . . . 493,716 liv.

Les six mois de dépenses courantes, depuis le premier Janvier jusqu'au premier Juillet, sur le pied de 37,368 liv., faisant la somme de. 224,208

Mille liv. sterlings payées à un Messager d'État. 24,000

Huit cents liv. sterlings distribuées à l'équipage du. . . . . . à Brest, pour la bonne conduite qu'il avoit tenue alors de la rencontre des bâtimens sur Ouessant. . . 19,200

Le voyage de M. de B......; m'avoit coûté, en frais extraordi-

761,124 liv.

d'autre part. . . . . . . 761,124 liv.
naires, une somme de 2,000 liv.
sterlings. 48,000

Total général des dépenses jus-
qu'au premier Juillet 1779. . . 809,124 liv.
Les fonds faits ne montant qu'à
celle de. 692,400

Partant la dépense dont j'étois
en avance excédoit la récette de 116,724 liv.

Récapitulation de mon avoir.

J'avois en caisse, au premier
Janvier 1779, la somme de. . 450,000 liv.
Les deux achats de bâtimens que
je fis à Plimouth me valurent un
bénéfice de. 168,000

Total des fonds que je devois
avoir en caisse au premier Juillet
1779. . . . . 618,000 liv.
Sur quoi il y avoit à déduire
ce que j'avois perdu sur le chargement du navire Espagnol, *la*

ci-contre. . . . . . . 618,000 liv.

Neuftra Senora de Bigougne, montant à. 48,000

Ce qui reduifoit mon avoir à 570,000 liv.
A déduire encore, fur cette fomme, celle dont je me trouvois déjà en avance pour le Roi, montant à . . . . 116,724 liv.

Mon comptant en efpèces réelles fe trouvoit réduit, au premier Juillet 1779, à . . . . 453,276 liv.

J'avois eu à fupporter beaucoup d'autres frais extraordinaires ; il m'avoit fallu donner des augmentations de traitemens de toutes parts, mais, comme d'un autre côté mon argent circuloit, les bénéfices qu'il me rapporta balancèrent à-peu-près les dépenfes dont je n'ai pas tenu note.

Cependant le terme des traités faits avec mon Capitaine étoit écoulé ; M. de Sartine, en me chargeant de faire face de mes deniers aux dépenfes de la Compagnie, m'autorifa à renouveller ces traités ; ce que j'exécutai dans le dor

G 2

nïer voyage que j'entrepris peu de jours après pour Londres. L'escadre de France, aux ordres de M. le Comte d'Orvilliers, étant prête à sortir de Brest, pour aller à la rencontre de celle d'Espagne, & les troupes françoises se trouvant en partie rendues au lieu de leur embarquement, j'eus l'honneur de représenter au Ministre que l'escadre Angloise pouvant être préparée avant un mois, il seroit plus avantageux de faire entrer M. le Comte d'Orvilliers dans la Manche avec trente-deux vaisseaux de ligne, & d'opérer sur le champ la descente, que de l'envoyer sur les côtes d'Espagne.

Si l'on eût pris ce parti, l'Angleterre se seroit trouvée dans le plus grand embarras: cette Puissance n'avoit pas alors quinze vaisseaux en état de sortir, ce qui rendoit toutes les entreprises faciles avec les seules forces de la France (1); mais des raisons d'Etat, que je dois ignorer, avoient disposé des choses autrement.

_____

(1) L'événement a démontré la vérité de ce fait, puisqu'un mois après le départ de l'escadre, les Anglois n'avoient pas encore mis en mer, & que du moment de leur sortie jusqu'à la prise de l'Ardent, elle fut renforcée journellement par les vaisseaux qui la joignirent à mesure qu'ils furent mis en état.

Lors du voyage de M. de B......, j'avois confié à mon Capitaine, & à mes principaux Agens à Londres, mes grands deffeins fur *Plimouth*; j'avois fait naître chez eux, par degrés, des idées de cupidité qui les rendoient capables de tout; ils ne furent que peu furpris de l'étendue de mes vues, & au lieu de repréfentations auxquelles je devois m'attendre, ils offrirent de me feconder. En conféquence, je leur donnai connoiffance des difpofitions que j'avois faites. La feule chofe qui pouvoit nous laiffer quelques inquiétudes fur le fuccès, étoit la garnifon de 300 hommes qui étoient à Plimouth. Le Secrétaire s'engagea à faire fortir cette garnifon, quinze jours avant l'exécution du projet, & à en faire figner l'ordre au Miniftre, fi on lui affuroit 100 mille livres fterlings, dont il difpoferoit à fa volonté. Cette fomme ne devant être payée qu'un mois après la réuffite de l'entreprife, je promis tout ce qui me fut demandé.

A notre retour, je fis part à M. de Sartine du nouveau traité que j'avois conclu; il y falloit fon attache, mais il ne fe foucia pas de figner un engagement de trois millions pour une affaire de cette nature. On donna une tournure différente à la chofe, ce fut de convenir & d'arrêter

G 3

que la prife de Plimouth feroit équivalente, par
les avantages qu'elle rapporteroit au Roi, à
foixante millions, & qu'on m'affureroit, à titre
de récompenfe, la vingtième partie de tout ce
qui feroit pris, fans motiver l'ufage que je devois
en faire; en conféquence on m'expédia un brévet
du Roi, conçu en ces termes:

« Aujourd'hui 5 Juin 1779, le Roi étant
à Verfailles, en confidération des fervices im-
portans que le fieur Comte de Paradès, Meftre-
de-Camp à la fuite de la Cavalerie, a rendus,
& des Mémoires qu'il a fournis pour faciliter
l'exécution des entreprifes qui pourroient être
faites par les armées de Sa Majefté, elle a affuré
& affure audit fieur Comte de Paradès, ou au
porteur de la préfente affurance, en fon nom, la
vingtième partie de toutes les prifes qui pourroient être faites contre les ennemis, & après les
Mémoires du fieur Comte de Paradès, foit prife
de vaiffeaux, prifes de places, contributions, &c.
& dans les cas où les troupes de Sa Majefté fe
rendroient maîtreffes d'un pays ou d'une place qui
n'offriroient aucune contribution, il fera récompenfé conformément à l'importance de l'objet,
& fuivant fa munificence Royale. En foi de quoi
elle a figné le préfent écrit de fa main, & a

commandé qu'il soit scellé & contre-signé par moi Secrétaire de ses commandemens & finances ». *Signé* LOUIS.

Plus bas, DE SARTINE.

Scellé du Sceau Royal.

Muni d'un pareil titre, avec la certitude que j'avois encore du succès des opérations, je me crus assuré, non-seulement du remboursement des avances que j'avois déjà faites, mais aussi de celles que j'allois faire, & de tous les engagemens que je contracterois pour le service de la campagne.

Je retournai en Angleterre; j'y renouvellai mes traités pour une année; je procurai des Pilotes anglois à l'armée combiné; enfin, je mis la dernière main aux dispositions nécessaires à la réussite des projets qu'on devoit exécuter.

Tous les Agens qui étoient dans le secret de *Plimouth*, se crurent en droit d'exiger une augmentation de traitement; mon Capitaine demanda 300 liv. sterlings de plus par mois, pour lui & son équipage; le Secrétaire en demanda 150, le principal Agent de Londres 100, celui de Plimouth 60, celui de Portsmouth 30; tous les autres furent contens de ce qu'ils avoient. Je ne crus pas devoir marchander avec des gens qui servoient si bien ; s'ils eussent demandé le double, ils l'eussent également obtenu, vu la circonstance. Toutes ces sommes réunies firent une augmentation de 640 liv. sterlings par mois, dont je rendis compte au Ministre, & qu'il approuva.

Peu de jours après mon arrivée, M. de Sartine me commanda de me préparer à partir pour Brest, d'où je devois me rendre à l'armée qu'on croyoit à la veille de son retour ; je mis ordre à mes affaires domestiques, ensuite je fus recevoir ses dernières instructions.

Ce Ministre me les donna le 26 Juin, au soir, & le 27 je quittai Versailles avec le Chevalier de la Villeurnois, Capitaine de Cavalerie, & le sieur Harler, Officier au Régiment d'Erlack. Le premier Juillet nous arrivâmes à Brest.

Je remis à M. le Marquis de la Prévalaye, la lettre du Ministre qui ordonnoit mon embarquement à bord de la frégate la Gloire, commandée par le Chevalier de Bavre, & destinée à me transporter à l'armée.

Le 2 Juillet au matin, je passai à bord de cette frégate ; elle mouilla quelques jours en rades, pour y compléter & rafraîchir ses vivres. Elle fut ensuite mouiller à Berthaume, pour être à portée de joindre plus promptement l'armée.

Les ordres du Ministre portoient qu'elle devoit attendre, afin de ne pas exposer les paquets de la Cour dont elle étoit chargée.

Quelque temps après mon embarquement, M. le Prince de Montbarey arriva à Brest ; je m'y rendis pour lui communiquer différens avis intéressans qui m'étoient parvenus d'Angleterre : j'y passai deux jours, ensuite je me rembarquai.

J'adressai ensuite dans le même temps à M. de Sartine les différens avis que j'avois reçus depuis mon séjour à la mer, & je lui rendis compte que les Pilotes Anglois (1), que j'étois chargé de fournir à l'armée combinée, se tenoient depuis le 15 en vue d'Ouessant ; j'ajoutai que je n'avois pas jugé convenable de faire entrer à Brest le bâtiment qui les portoit, à cause des conséquences qui pourroient en résulter.

Après trente-huit jours d'attente nous eumes connoissance de l'armée le 7 Août au matin,

_____

(1) Ces Pilotes, au nombre de vingt-trois, coûtèrent environ 3,000 liv. sterlings. Cette dépense fut en pure perte pour l'État, à cause du long retard de l'armée, qui empêcha d'en faire usage ; le bâtiment qui en portoit, n'ayant pu joindre l'escadre combinée, se retira à Plimouth.

nous appareillâmes de la rade de Berthaume à
10 heures, & nous la joignîmes à la nuit sous
le vent d'Oueffant (1) ; je fis le même soir
une visite au Général, pour lui remettre les
paquets de la Cour dont j'étois chargé. Je le
trouvai triste & abattu (la mort récente de son
fils y contribuoit beaucoup). Il se plaignit des
retards qu'il avoit éprouvés sur les côtes d'Espagne, du manque de vivres & d'eau, & des
maladies qui y régnoient sur l'escadre.

Je retournai coucher à bord de la Gloire,
& le lendemain je la quittai pour passer sur la
Bretagne, conformément aux ordres du Ministre.

---

(1) On ignoroit comment l'armée étoit tombée sous le
vent de cette Isle. Elle porta constamment le cap sur le
Sorlingues, au rapport des Officiers, & par une fatalité sans
égale, elle attérit à la côte de Brest ; les vents avoient
regné de la partie de l'Ouest ou du Sud-Ouest pendant toute
sa route, elle n'avoit pas de raisons plus plausibles. Lorsqu'elle quitta Brest pour se rendre en Espagne, elle tomba
sous le vent de la Corogne, contre tous les principes. Ces
erreurs ne furent occasionnées que par la faute & l'ignorance
de ceux qui avoient le soin d'établir la route.

CHAPITRE X.

Campagne de mer de 1779 ; ma conduite à bord de la flotte combinée.

ÉTANT paffé à bord de la Bretagne, le 8 Août 1779, je conférai ce jour-là plus particulièrement avec le Général ; & il me répéta ce que les Officiers m'avoient déjà dit, qu'on fe croyoit hors d'état d'agir, tant à caufe du malheureux état des vaiffeaux François, qu'à caufe de la faifon qui étoit trop avancée, ce qui faifoit perdre toute efpérance de rien faire.

Les vents contraires, le calme & fur-tout l'attente d'un convoi de vivres qui étoit annoncé de Breft, retinrent l'armée pendant huit jours en vue de la terre, fous le vent d'Oueffant (1).

Je penfai qu'il feroit prudent de faire une répartition de vivres & d'eau, & je me crus permis de le confeiller : on me répondit que ce

_____

(1) Ce convoi étoit préparé à Breft, conformément aux ordres du Miniftre ; mais le calme, ou autre raifon que j'ai ignoré, l'empêcha de fortir.

procédé feroit contraire à l'ufage. La partition n'eut pas lieu pendant le temps que l'armée refta en panne, ou fut retenue par le calme; on fut obligé par la fuite d'opérer cette répartition par une mer houleufe, & dans un temps précieux.

Je repréfentai au Général, pendant les premiers jours, qu'il feroit plus avantageux de doubler Oueffant, & d'attendre le convoi à l'entrée de la Manche, que de refter fous le vent de cette Ifle, ce parti devenant d'autant plus effentiel que j'avois la nouvelle affurée de l'arrivée d'une riche flotte Angloife, qu'il feroit facile d'intercepter (1). L'efpérance de voir arriver d'un moment à l'autre le convoi des vivres, fut caufe qu'on prit ce parti trop tard, & qu'il fut enfuite mal exécuté.

Le 14 les vents étant oueft fud-oueft, on fe décida enfin à quitter la vue de la terre, & à faire route pour la Manche, après avoir donné avis à Breft que l'Efcadre iroit attérir au Cap-

_____

(1) Cette flotte venoit d'Amérique, elle entra dans la Manche le 13 au matin, efcortée de quelques frégates & d'un feul vaiffeau. Si on fe fût décidé un jour plutôt à doubler Oueffant, je fuis perfuadé qu'elle auroit été prife.

Lézard, où le convoi de vivres pourroit là
joindre ; & le matin, Oueffant fut doublé.

Ce même jour à midi, l'armée marchant fut
trois colonnes, le Cap au nord-nord-eft, on
fignala de l'avant plufieurs vaiffeaux ennemis ;
dont un de 80 canons fut diftinctement reconnu du bord de la Bretagne ; on fit fignal
de chaffe à l'Efcadre légère, & à quelques
vaiffeaux de la ligne, & l'armée continua fa
route, fous petite voilure, jufqu'à la nuit qu'on
fit fignal de raliment aux vaiffeaux chaffeurs.

Je crus devoir faire obferver au Général que
les vaiffeaux qu'on avoit apperçus, pouvoient
être l'arrière-garde ou une divifion de l'Efcadre Angloife, en l'affurant que l'armée ennemie avoit ordre de tenir la mer dans ces parages
(1). Je ne pûs cacher ma furprife de ce qu'on
abandonnoit la chaffe, & même de ce que
l'armée entière n'avoit pas chaffé : on me dit

---

(1) C'étoit véritablement l'arrière-garde de l'efcadre
Angloife, dont le corps de bataille étoit quelques lieues
à l'Oueft, ainfi qu'on peut le voir par la carte. On peut
préfumer que fi on eût continué la chaffe avec toute l'armée, on eût joint l'ennemi en 3 ou 4 heures, ayant le
vent ; ou au moins on auroit eu la certitude qu'il tenoit
la mer.

qu'on avoit effectivement reconnu six vaisseaux Anglois qui se trouvoient coupés, & dont on auroit bon marché au retour; que d'ailleurs on étoit assuré que l'Escadre Angloise ne tenoit pas la mer; qu'il étoit plus que probable qu'elle se seroit retirée dans ses Ports, aux premiers avis qu'elle auroit eu de l'approche de l'armée combinée. Pour appuyer cette idée, on avoit fait différens plans de la rade de Spithéad, on y avoit dessiné & placé les vaisseaux d'une manière inattaquable, en fer à cheval, en équerre, &c... La droite appuyée à l'Isle de Wigth, la gauche à Gospord & à Portsmouth, les plans étoient accompagnés de Notes & de Mémoires par lesquels on vouloit prouver l'impossibilité d'attaquer l'ennemi. Ces discours ne pouvoient qu'inspirer & fortifier les esprits dans des idées qui furent cause qu'on négligea de le suivre, sous la fausse persuasion qu'il n'auroit pas osé tenir la mer.

Je fis remarquer qu'il n'étoit pas vraisemblable que l'ennemi eût fait la faute de se retirer dans ses ports; que dans la circonstance présente, étant menacé d'une descente, il ne lui convenoit pas de quitter la mer; qu'il falloit s'attendre que l'Escadre Angloise, de loin ou de près, nous suivroit pour observer nos mouve-

mens; qu'elle se tiendroit toujours à une distance convenable pour donner sur les bâtimens
de transport, accepter ou refuser le combat,
suivant qu'elle y trouveroit son avantage, à
moins qu'elle ne fût forcée à un engagement
par une surprise. Je représentai que l'Isle de
Wigth n'étant pas fortifiée, & n'ayant en tout
que trois cents hommes de garnison, sans aucune batterie pour sa défense, pouvoit être en-
levée sans obstacle; qu'une fois maître de cette
Isle, l'Escadre Angloise ne seroit plus en sûreté
dans Spithéad; qu'on pourroit l'y bombarder &
l'y forcer, si, comme on le supposoit, elle s'y
étoit retirée; que les Anglois sentoient trop
bien tous les dangers d'une pareille retraite pour
vouloir s'y exposer, & qu'ils en couroient infiniment moins en tenant la mer. Je persistai
à tenir leur armée dans l'ouest, & que c'étoit
elle que nous avions apperçue. Il n'y eut pas
moyen de faire adopter mon sentiment. Hors
le Général, tous les Officiers furent d'avis de
porter le Cap à l'est, & de faire route dans la
Manche, pour y prendre connoissance de l'ennemi. Cette résolution ne fut pas de longue
durée: le lendemain ces mêmes Officiers de-
mandèrent à ressortir de la Manche sur différens prétextes.

Ce parti ayant paru irrévocablément pris, je
repréfentai que le convoi des vivres, l'unique
reffource & la feule efpérance de l'armée, ayant
eu ordre d'attérir au Cap-Lezard fans autre inftruction ultérieure, fe voyoit expofé à être
enlevé par l'ennemi qu'on laiffoit fur les derrières, & dont fix vaiffeaux venoient d'être reconnus ; qu'en fuppofant toutefois que le convoi
y arrivât fans mauvaife rencontre, il ne fauroit
de quel côté faire route pour joindre l'armée
dans l'ignorance où il feroit de celle qu'il auroit
tenue ; qu'il pouvoit auffi arriver qu'il donnât
avec confiance dans l'Efcadre Angloife, s'il la
encontroit (1) ; qu'il convenoit de détacher une
frégate pour lui donner avis, tant de la marche
actuelle de l'armée, que du danger où il reftoit
expofé, à moins qu'on ne préférât de laiffer fur
ce même Cap Lezard, une divifion de fix
vaiffeaux pour l'attendre, l'y protéger & ob-

(1) Le convoi de vivres fortit de Breft le lendemain du
départ de l'armée ; ayant voulu attérir au Cap-Lezard,
comme il en avoit reçu l'ordre, il y remonta toute l'efcadre
ennemie, qui lui donna chaffe pendant 14 heures. Il rentra
heureufement à Breft, fans perte d'un feul bâtiment ; il ne
jugea plus-à-propos d'en fortir, ne fachant de quel côté il
devoit chercher l'armée combinée.

fervet

erver en même-temps les mouvemens de l'ennemi.

On me dit qu'on n'avoit pas assez de fréga-
es pour en détacher à chaque instant (1), qu'on
ne divisoit jamais une Escadre en mer (2), & que
es vaisseaux apperçus auroient sûrement gagné
e large. Cette présomption fit penser à quelqu'un
qu'ils avoient été portés là exprès pour faire
prendre le change à l'armée combinée , & l'empêcher d'entrer dans la Manche , en se faisant
suivre en haute mer. Cette idée fut admise una-
nimement ; de problématique , la chose devint
certaine. On fut étonné de n'y avoir pas songé
plus tôt: une pareille ruse de guerre étoit possible:
mais j'étois assuré qu'elle n'existoit pas.

L'ennemi couroit bien moins de risques, en
nous observant avec toutes ses forces réunies,
qu'avec une division ; mais c'est ce qu'on ne
voulut jamais admettre.

Le 15 à sept heures du matin , l'armée ayant
le Cap au nord , les vents à l'ouest, on signala

_____

(1) On n'avoit jamais tant eu de frégates à la suite d'une
armée ; on en comptoit 25.

(2) On venoit d'admettre la réalité de la division de
l'escadre Angloise, & un moment après on jugeoit cette
manœuvre impossible & contre les règles de la guerre.

H

la terre. A midi l'escadre revira de bord , & fit route dans la Manche , en vue de côtes ennemies, portant le Cap à *l'est nord-est*.

Le Général m'assigna mon poste à la première batterie, en cas de combat. Il me demanda les pilotes que je devois fournir à l'armée combinée : je lui expliquai que le bâtiment qui les portoit , après avoir tenu la mer pendant six semaines en vue d'Ouessant, s'étoit vu forcé de relâcher à Plimouth par nécessité, d'où il joindroit l'armée combinée aux premières nouvelles qu'il en recevroit. Je lui remis en même-temps sous les yeux l'état positif de cette place qui étoit vendue au Roi , & dont on se rendroit maître sans coup férir. Je lui proposai, en attendant , de faire enlever les chasses-marées qui se trouvoient le long des côtes , & qui étant d'excellens pilotes, pourroient en faire le service à bord des vaisseaux, avec quelque argent. Sur quoi m'ayant dit qu'il n'avoit pas *cent louis*, je lui en offris 2000, dont je m'étois muni pour le paiement des gages des pilotes Anglois. Il fut décidé qu'on en feroit usage si le cas l'exigeoit , & qu'on examineroit mon projet sur Plimouth, lorsqu'on seroit à portée de la place. Le 16 les vents étant au *nord-est* , l'armée ayant le Cap à *l'est-sud-est* , se trouva à midi en vue du

Sund; à une heure elle mouilla à la diftance d'environ quatre lieues de *Plimouth*.

On mit en délibération s'il convenoit d'aller plus avant, attendū le malheureux état des vaiffeaux François, ou s'il ne feroit pas prudent de fe replier fur Breft, fur-tout fi on ne rencontroit point le convoi (1).

Je repréfentai au Général en particulier, que s'il prenoit le parti de fe retirer, fe trouvant maître de prendre Plimouth, il feroit fûrement condamné par la Cour, qui ne croiroit jamais aux impoffibilités dont on lui faifoit des monf-

----

(1) On lui tournoit le dos, & on favoit qu'il n'avoit pas d'ordres pour entrer en marche : c'eft l'obfervation que je fis. On dit à cela qu'il pourroit bien en arriver un de St.-Malo, ou du Havre : étoit-il probable qu'on fût mieux inftruit dans ces ports de l'expofition de l'armée combinée, qu'on ne l'étoit à Breft ?

La conduite qu'on avoit tenue, & qu'on continua à tenir, démontra clairement les intentions des Officiers qui accompagnoient le Général : ils le forcèrent à une démarche qu'ils favoient d'avance ne pouvoir être foutenue ; ils l'obligèrent à laiffer le convoi derrière lui, expofé à être enlevé par l'ennemi, afin que toute l'armée crût qu'il l'avoit été jufqu'au moment qu'elle rentra : de là réfulta la difette de vivres, qu'on prétexa enfuite pour obliger M. le Comte d'Orvilliers de rentrer à Breft, & de finir la campagne.

H 2

tres ; qu'il fixoit fur lui l'attention de l'Europe, & que la Nation fondoit fur lui fes efpérances ; que s'il renonçoit au deffein de tenter cette entreprife pour fe reployer fur Breft, il s'expofoit à perdre en un jour le fruit de 60 ans de fervices. « Je prévois, me répondit ce brave Général, je prévois tout ce qui arrivera. On m'a forcé de fortir de Breft, avant que tous mes vaiffeaux euffent complété leurs vivres pour trois mois ; & malgré toutes mes repréfentations, on m'affuroit que je n'arriverois jamais à temps fur les côtes d'Efpagne. J'ai eu celui d'y confommer mes provifions, avant que les Efpagnols nous y ayent joints, & mes équipages ont gagné des maladies; enfin j'arrive ; & au-lieu de trouver un convoi de vivres préparé & propre à me ravitailler, ainfi qu'on me l'avoit fait efpérer, je perds huit jours à l'attendre en vue de Breft, forcé de faire route & de doubler Oueffant. Me voici arrivé ici dénué de tout moyen dè fubfifter & hors d'état de rien faire : prenez connoiffance de notre fâcheufe pofition ; voyez Gillard (1), voyez du Pavillon (2), qu'ils vous en inftruifent ».

(1) Capitaine du vaiffeau, faifant fonction d'Intendant, fans ceffe occupé de repréfenter au Général que l'armée alloit périr de faim & de mifère, s'il tardoit à rentrer.

(2) Major de l'armée, homme de mérite, ayant des

Ces impossibilités consistoient dans le manque total de vivres & d'eau, au rapport de M. de Cillard, & dans le nombre de malades & de morts qui augmentoit tous les jours (1).

Les vaisseaux François à cette époque avoient cependant encore chacun pour un mois de vivres, puisque l'armée ne rentra que le 14 Septembre; les Espagnols en avoient pour trois mois. Les malades pouvoient monter à environ 3000 au

connoissances étendues dans la Tactique, & possédant au parfait la manœuvre des signaux.

(1) Tel vaisseau avoit embarqué 25 bœufs, 60 moutons & 100 pièces de volailles de toute espèce, tel plus, tel moins; tout cela étoit en grande partie consommé; les tables commençoient à s'en ressentir; ce qui naturellement devint un motif assez puissant pour demander à rentrer. Plusieurs raisons sont cause des maladies qui règnent dans nos escadres: tous nos vaisseaux sont surchargés d'une quantité considérable de bestiaux de toute espèce pour fournir au luxe de la table des Officiers, & cette quantité de bestiaux produit des vapeurs putrides. Chez les autres Nations, les Officiers supérieurs des vaisseaux vivent d'une manière qui exige beaucoup moins de provisions de ce genre: ceux du rang inférieur, les jeunes gens, Gardes-marines, Enseignes & volontaires sont à-peu-près nourris comme les Matelots. Ces derniers son en général en trop grand nombre sur nos vaisseaux.

plus : la mortalité s'étoit étendue à 10 hommes fur les vaisseaux qui avoient le plus souffert, à 3 & 4 fur d'autres, & 7 à bord de la Bretagne, ce qui faisoit à-peu-près 200 hommes morts de toute la campagne.

. Je proposai au Général les moyens.de remédier à toutes ces calamités.

1°. En m'accordant les forces nécessaires pour entrer dans Plimouth, je m'engageai par écrit, & sous peine de perdre la tête, de faire mouiller toute l'armée dans le Sund, & de lui faire fournir les vivres nécessaires pour la ravitailler.

2°. De faire mouiller l'armée dans la baie de Torbay, où je m'engageai également de lui faire fournir en huit jours de temps pour 600,000 livres de vivres, dont je me chargeois de faire les fonds.

J'ajoutai que pendant le temps qu'on feroit des vivres, on transporteroit à bord de huit vaisseaux, tous les malades de l'armée pour être conduits à Saint-Malo, d'où ces mêmes vaisseaux ramèneroient en échange un pareil nombre de Matelots destinés au service des Bâtimens affectés au transport des troupes de débarquement (1).

_____

(1) L'embarquement de 3000 hommes ayant dû se faire à St.-Malo & au Havre, il y avoit dans ces ports un nom-

Le Général goûta le projet d'entrer dans Plimouth, mais il en fut détourné par les repréfentations & les oppofitions de fon Confeil. Il fe décida enfuite pour le fecond projet : il fallut encore
combattre le fentiment des Officiers, qui objec-
toient qu'une pareille opération pouvoit être con-
damnée par la Cour ; que n'étant pas munis
d'ordre du Miniftre pour prendre les matelots
des bâtimens de tranfport, on pourroit effuyer
un refus ; qu'il n'y auroit peut-être pas d'Hôpitaux pour recevoir tous les malades ; qu'on pouvoit être attaqué pendant l'abfence de ces vaiffeaux ; que la baie où je propofois de mouiller
étoit très-dangereufe ; qu'il étoit prefqu'impoffible d'en appareiller fans y laiffer fes ancres ;
que l'armée devoit s'attendre à y effuyer
toutes fortes de malheurs, s'il furvenoit le plus
léger vent contraire.

Je répliquai qu'il étoit plus que probable que
la Cour ne comdamneroit pas une opération
devenue abfolument néceffaire par les circonftances ; qu'avant de faire ufage des bâtimens pour le
tranfport des troupes, on attendroit naturellement que l'armée combinée eût affuré la mer ;

bre confidérable de bâtimens de tranfport qui avoient leur
équipage complet.

H 4

qu'alors on pourroit rendre les matelots pris fur
ces bâtimens; que le pis-aller étoit de fe débar-
raffer de deux à trois cents malades, & de s'af-
foiblir de quatre vaiffeaux qu'on laifferoit à
Saint-Malo, fi on refufoit les matelots des bâtimens en queftion; que quant aux Hôpitaux
dont on étoit en peine, il étoit à préfumer qu'on
y auroit pourvu dans l'attente où l'on étoit d'un
événement; que d'ailleurs les maladies qui
régnoient à bord, n'étoient pas de nature à
exiger des foins extrêmes après le débarquement; qu'il fuffiroit à la plupart des malades
d'être à terre pour guérir. J'ajoutai encore, que
la baie où je propofai de mouiller étoit une des
meilleurs connues d'Angleterre; que fi toutefois
on craignoit d'y perdre des ancres, il s'agiffoit
de ne mouiller que des petites, & d'en appareiller
aux plus légères apparences de vent contraire;
qu'il ne falloit pas tout mettre au pire, ni admettre comme certains, des accidens que la prudence
peut tout au plus preffentir & prévoir; & que
c'étoit là le feul endroit & Plimouth d'où il
me fût poffible de procurer des vivres à l'armée. Le fentiment du Général l'emporta, & il
fut décidé qu'on fuivroit le parti que je propofois, & qu'on mouilleroit à Torbay, puifqu'on
ne vouloit pas entrer dans Plimouth.

Le 17 au matin, les vents étant à l'*est*, l'armée portant le Cap au *sud-sud-est*, marchant en ligne de bataille, pour tâcher de s'élever & doubler le Cap Stuard vers les dix heures, on découvrit sous le vent, à la distance d'environ trois lieues, quatre bâtimens en panne, dont un fut distinctement reconnu vaisseau de ligne : on les examina long-temps, & on finit ensuite par les juger Espagnols. J'avois une excellente lunette, avec laquelle je crus reconnoître un Pavillon Anglois ; mais pour mieux découvrir, je montai dans les barres de Perroquets : je distinguai parfaitement le Pavillon Anglois.

Pour plus grande certitude encore, j'examinai le nombre des vaisseaux de l'armée ; j'en comptai vingt-deux à l'avant, & vingt-deux à l'arrière de l'amiral. La ligne de bataille étoit complète : il étoit alors midi ; la Bretagne revira vent devant, par la contre-marche, ainsi que toute la ligne. Cette manœuvre-là approcha de l'Escadre d'observation que je reconnus également complète : ainsi que l'Escadre légère. Après m'être bien assuré que les vaisseaux en vue n'étoient ni Espagnols ni François, je descendis & communiquai mes observations au Général, en ajoutant qu'ils étoient sûrement ennemis. Une voix s'éleva & dit : Il est bien singulier que

quand j'ai dit, & donné ma parole d'honnéur,
que j'avois reconnu ces bâtimens pour Efpagnols
& de l'Efcadre de M. Cordova, on vienne encore élever des doutes (1)!

- Je m'excufai fur ce que ma lunette m'avoit
apparemment trompé, & perfonne ne fe mit
plus en devoir de contredire cette décifion. Le
Général, qui voulut prendre connoiffance de
ces bâtimens fur ce que je lui avois dit,
reçut pour tout éclairciffement de fes Officiers
qu'il y avoit plus de trois heures qu'ils étoient
reconnus.

Tout annonçoit le contraire de ce qu'on
les jugeoit. La ligne de bataille, l'Efcadre d'obfervation, & l'Efcadre légère étoient complètes;
il y avoit depuis le matin fignal de forcer de
voiles, & ces bâtimens reftèrent conftamment
en panne. Rien ne put rappeler du jugement
rendu, & il n'en fut plus queftion, au moins
jufqu'à la nuit, comme on le verra ci-après.

L'armée ayant reviré à midi, vent devant
par la contre-marche, courut fa bordée *nord-
nord-eft* jufqu'à la nuit : cette route-là rappro-
chant du fud qui fe trouvoit fous le vent à

_____

(1) C'étoit M. de Vaugirot, faifant fonction d'aide-
Major.

elle, rien n'étoit plus facile que d'y entrer.
C'est ce que je proposai encore une fois, en
exposant que Plimouth étoit sans défense; que
la Citadelle n'étoit gardée que par cent hommes d'Invalides, sans aucunes autres troupes,
ni dans la Ville ni dans les environs; que toutes les batteries étoient hors d'état de service,
que l'Isle Saint-Nicolas n'avoit que cinquante
hommes de garnison, & que la rade n'étoit
défendue que par une seule frégate; qu'il ne falloit qu'un coup de main pour s'en emparer.

Je demandai six cents hommes, une galiotte
à bombes & un brûlot, avec quoi je répondois
de prendre possession de la place. Le Général
parut encore disposé à m'accorder ma demande,
mais on lui représenta qu'on n'avoit pas d'ordre
exprès du Ministre de me confier la conduite
d'une entreprise; que si j'échouois, comme il
y a avoit beaucoup d'apparence, il s'exposoit à
des réprimandes de la part de la Cour; que
les troupes de terre embarquées à bord des
vaisseaux refusoient de marcher (1), & que cel-

(1) Il y avoit à bord de la Bretagne quelques compagnies
du régiment de Bourgogne: l'Officier qui les commandoit
déclaroit hautement qu'il ne consentiroit pas au débarquement d'aucun de ses soldats, pour aller, à ce qu'il disoit, se

les de la marine n'étoient pas propres à de pareilles
expéditions ; qu'il falloit préalablement avoir les
intentions du Miniftre par écrit, qu'on les de-
manderoit par la première frégate qui feroit dé-
tachée de l'armée; qu'en outre il n'étoit pas
probable que cette place fût dénuée de défenfe
ainfi que la rade, au point que je voulois. le
perfuader ; qu'on découvroit deux camps con-
fidérables fur la côte de droite & de gauche
du Sund (1), ce qui démontroit que l'ennemi
étoit fur fes gardes; qu'il feroit même très-
poffible que l'Efcadre Angloife qu'on n'avoit pas
encore rencontrée fe fût retirée dans le Sund à
notre approche, & qu'il étoit effentiel avant tout
d'en faire faire la reconnoiffance.

Je répliquai que j'étois affuré de tout ce que
j'avançois, quant à la fituation de la place & du

___

faire caffer la tête dans une affaire étrangère à fon fervice.
On l'avoit envoyé à bord avec fa troupe pour la garde du
vaiffeau, & il ne vouloit en fortir que pour rentrer à Breft.
Je fus informé après, qu'il avoit été excité à tenir ce langage
pour motiver ce refus.

(1) Il n'y avoit aucun camp, mais feulement quelques
compagnies de milice répandues le long de la côte ; il eût
fallu plus de 24 heures pour en réunir un nombre de
trois cents, foit à Plimouth ou ailleurs.

Sund ; qu'il ne s'agissoit que de se montrer , & qu'on seroit secondé. Je donnai connoissance de toutes mes intelligences , & je dis que les ordres de la Cour étant d'agir offensivement , c'étoit au Général à décider des entreprises , & à choisir tel Officier qu'il voudroit pour mettre à la tête des troupes ; que mon rang de Colonel ne donnoit pouvoir de les commander ; qu'un nombre de soldats aussi foible que celui que je demandois , une frégate & un brûlot étoient les objets de si petite importance , qu'il n'y avoit pas besoin d'ordres particuliers ; que si toutefois le Ministre ne les avoir pas donnés , c'étoit par oubli , ou par ce qu'il avoit cru que ce qui avoit été convenu verbalement suffisoit , son intention étant conforme à ma proposition , ainsi qu'il la manifesta au Général , en ma présence , dans son cabinet, peu de jours avant son départ pour Paris. J'observai qu'on devoit combiner les avantages immenses qui résulteroient du succès ; qu'au défaut des troupes de terre , qui , à ce qu'on disoit , refusoient de marcher , il suffisoit de me permettre de prendre dans la classe des Matelots , 15 hommes par vaisseau François , & moins , si ce nombre étoit trop considérable ; que les Espagnols ne refuseroient pas les mêmes secours ; que j'étois

affuré de beaucoup d'Officiers de Marine qui
ne demandoient pas mieux que de me feconder (1). Malgré toutes ces raifons, le Général
crut devoir céder aux inftances de fes Officiers
qui demandoient au préalable une reconnoiffance des lieux. Il me dit en particulier que mon
âge & mon rang d'Officier de terre caufoient
tous les obftacles que j'éprouvois, & que le
défaut d'ordre par écrit du Miniftre y fournif-
foit un prétexte fpécieux pour me refufer.

La reconnoiffance du Sund ayant été décidée, on détache le Lougre le mutin, commandé
par M. le Chevalier de Roquefueille, à qui on
donna fes inftructions.

Sur les fix heures, l'armée fe trouva entre
Ediftonne & la terre, au vent de Plimouth: fi
elle eût continué fa bordée, elle feroit arrivée
à une heure à l'entrée du Sund, mais on la fit
revirer tout-à-la-fois pour porter le Cap au Sud
& courir au large, pendant une partie de la
nuit. Vers huit heures la Couronne paffa à la
pouppe de la Bretagne & ne hêla qu'à dix heures

(1) Plufieurs Officiers de Marine m'avoient écrit pour
me prier de les nommer au Général, dans le cas où je dé-
barquerois pour tenter mon entreprife, en s'offrant de
m'accompagner par tout.

du matin. Le vaiffeau Anglois l'Ardent, de foixante-quatre pièces de canon, avoit été amariné par quelques frégates. On fut alors tout étonné de reconnoître qu'on s'étoit trompé fur la mâture des bâtimens en vue tout le jour.

Le vaiffeau Anglois l'Ardent, commandé par le Capitaine Botte, étoit forti de Portf-mouth, où il venoit d'être armé : fon équipage étoit d'environ 550 hommes, dont 100 au plus étoient matelots ; il étoit forti du port avec fes canons chargés, mais fans aucunes préparées ; opération que les Anglois réfer-vent ordinairement pour la mer. On lui avoit indiqué l'Efcadre Angloife fur le Cap Lézard, où il avoit ordre de la joindre. Le lendemain de la fortie de Portfmouth, il apperçut l'armée combinée qui faifoit route pour doubler le Cap Stuard : il la prit pour la fienne, & s'en appro-cha fans défiance : il régla même fa voilure fur celle de l'armée, pour prendre enfuite fon rang dans la ligne.

La frégate la Junon, commandée par M. de Marigny, apperçut ce vaiffeau, & lui fit des fignaux de reconnoiffance, auxquels il ne ré-pondit pas. La Couronne fe trouvant à portée de la Junon, celle-ci lui fit fignal d'un vaiffeau ennemi ; la Couronne revira deffus. Dans ce

même inftant, les frégates la Gloire & la Gentille en eurent connoiffance & arrivèrent. La
Gentille fut la première qui tira fa bordée,
dans les vergues qui étoient chargées de monde
occupé à prendre des riz dans les voiles; plufieurs matelots furent tués. Le Capitaine Anglois reconnoiffant fa méprife, voulut gagner la
côte; mais la Junon, par une manœuvre hardie,
lui prêta le flanc pour lui couper le chemin,
en s'expofant à tout fon feu. Les batteries de
l'Ardent n'étant pas préparées, ne purent tirer
que coup après coup, fans avoir la faculté de
pouvoir recharger: la Couronne arrive, & ou-
vrant fes fabords, lui offrit une terrible bordée;
mais M. de la Touche-Treville qui la commandoit, par une générofité bien admirable,
ne voulut pas tirer, afin de laiffer tout l'honneur de cette prife aux frégates, auxquelles le
vaiffeau fut obligé d'amener pavillon.

Le 16, il étoit arrivé à bord de la Bretagne
un canot forti du Port de Plimouth, monté
par deux matelots Italiens, détachés par le Capitaine de mon bâtiment, qui y mouilloit avec
les pilotes, & qui envoyoit demander pourquoi on n'entroit pas pour s'emparer de la place,
ainfi que la chofe étoit convenue de longue
main. Ces Matelots furent interrogés, & déclarèrent

rèrent qu'il n'y avoit pas un seul vaisseau dans le Sund, que l'Escadre Angloise s'étoit tenue depuis huit jours entre les deux points, c'est-à-dire, entre les Caps Stuard & Lezard, ce qui avoit été cause qu'on avoit pris l'armée combinée pour elle, jusqu'au moment où l'on avoit pu compter les vaisseaux.

Le témoignage de ces hommes ne suffit pas encore pour confirmer ce que j'avois dit, & je fus effectivement démenti par le retour du Chevalier de Roquefeuille, qui fit son rapport en ces termes: « Je suis entré fort avant dans le Sund, j'y ai reconnu neuf vaisseaux de 80, & six frégates ; j'ai compté leurs canons, & je m'en suis tellement approché que je leur ai fait arborer leur pavillon; & indépendamment du nombre des vaisseaux que j'ai distinctement comptés, j'en ai reconnu un plus grand nombre derrière la Citadelle, pardessus laquelle je découvrois les mâtures ».

On ne pouvoit rien dire de plus positif; mais j'étois si assuré que la chose n'étoit pas, & si convaincu de la fidélité de mon Capitaine, & des deux matelots, que je n'en voulus rien croire. Je priai le Général de demander dans quelle position mouilloient les vaisseaux. M. de Roquefeuille les plaça le long des murs de la

I

Citadelle , fur la gauche du Sund , & les Frégates plus avant.

Cette pofition de la Citadelle & des vaiffeaux étoit fi contradictoire avec la vérité du local, qu'il falloit n'avoir aucune connoiffance de Plimouth pour fe laiffer abufer.

La Citadelle eft fituée dans le fond du Sund, fur une hauteur tenant au continent, & paffablement élevée. Elle a la vue de Plimouth derrière elle ; fur la gauche du Sund eft fituée l'Ifle de Saint-Nicolas, dont on fe défie beaucoup, à caufe des roches & des hauts fonds qui l'entourent, & qui font prefqu'à fleur d'eau en baffe marée.

Le feul mouillage propre pour les vaiffeaux eft fur la droite du Sund. Quelques-uns peuvent auffi mouiller près de la Citadelle, mais ce n'eft que dans les cas forcés , foit qu'ils veuillent entrer au Dock, ou qu'ils en fortent pour gagner la mer.

L'erreur ne venoit pas d'avoir placé à gauche ce qui étoit & ce qui auroit dû être à droite, mais c'étoit dans le nombre des vaiffeaux, où il n'y en avoit pas un : comment d'ailleurs en découvrir derrière une Citadelle bâtie fur un continent élevé ?

Ces obfervations que je fis, excitèrent quel-

ques doutes, & on se décida à faire faire une
seconde reconnoissance. On en donna l'ordre
à une frégate (j'en ai oublié le nom, mais il
est facile de se le procurer par le Journal du
Loc de l'armée), cette frégate à son retour fit un
rapport conforme à celui du matin ; même
nombre de vaisseaux, de frégates, &c., tout
fut égal. Ah ! pour cette fois je fus confondu,
& il fut incontestablement décidé qu'on tenoit
l'Escadre Angloise bloquée, à la réserve de la division qu'on avoit rencontrée sur le Cap Lezard ;
en conséquence on détacha une frégate (la
Magicienne), pour en porter la nouvelle à la
Cour.

Je représentai encore au Général que j'étois
assuré de la fidélité de mes agens & des matelots, sur le rapport desquels on pouvoit compter.
Je lui fis observer que la reconnoissance, quoique faite séparément, se trouvoit trop conforme ;
même nombre de vaisseaux, de frégates & de
canons, &c. ; que la chose n'étoit pas naturelle ;
qu'il étoit évident que ces deux bâtimens s'é-
toient rencontrés, & étoient convenus ensemble de leur rapport, afin de ne pas se contredire.
Je ne lui dissimulai pas qu'à mon sentiment, je
soupçonnois l'un & l'autre rapport faux, mais
j'ajoutai que j'en étois convaincu ; & pour

plus grande certitude, je demandai d'être débarqué cette même nuit, avec les deux Matelots qui étoient arrivés à bord, & un Officier de Marine, & que nous irions faire cette reconnoissance par terre, avec promesse de rejoindre *la Bretagne*, le lendemain, soit avec la même voie ou avec mon propre bâtiment qui mouilloit dans le Sund.

Le Général parut assez disposé à m'accorder ma demande, mais il en fut encore détourné, sous le prétexte que la reconnoissance avoit été faite par des Officiers de capacité, que c'étoit leur faire affront que de les suspecter d'avoir reconnu légèrement, que les deux reconnoissances étant conformes, en assuroient la vérité, & qu'il ne me convenoit pas de révoquer en doute leur rapport. Ma proposition fut rejetée, & on resta dans l'erreur. Il fut même question de punir les deux matelots qui étoient venus faire un faux rapport à ce qu'on disoit, vraisemblablement pour faire prendre le change à l'armée combinée, & de les traiter comme espions.

On étoit informé à la Cour que l'Escadre Angloise tenoit la mer, & qu'elle croisoit à l'entrée de la Manche ; on y étoit de plus informé de la désertion des Ville & Citadelle de

Plimouth, où il n'étoit resté ni invalides ni ha-
bitans, tout le monde ayant pris la fuite au
moment où on eut reconnu l'armée combinée.
On savoit qu'il n'y avoit pas un vaisseau dans la
rade, que toutes les batteries étoient hors d'état
de service, qu'il n'y avoit pas même de poudre
pour le canon ; on étoit informé de cela, ainsi
que toute l'Europe : que dut-on penser du Général, en recevant ses dépêches par lesquelles il
annonçoit qu'il tenoit l'armée ennemie bloquée ?
On dut croire que la tête lui avoit tourné ; il
n'en étoit rien : étoit-ce à lui à aller avec la
Bretagne reconnoître le Sund ? Non, assurément ;
ne devoit-il pas ajouter foi au rapport de deux
Officiers d'une capacité reconnue, au témoignage
de plusieurs des chefs ? Oui, il le devoit. Il
avoit donc pris les précautions que la prudence
exigeoit, & rien ne devoit tomber à sa charge ;
c'étoit à ces mêmes Officiers, qui s'acquittèrent
si mal d'une commission aussi importante, qu'il
eût fallu faire le procès ; ce sont ceux qui répondirent de leur capacité, & qui empêchèrent le
Général de consentir à mon débarquement : eux
seuls méritent tout le blâme qui est tombé sur
lui par cette fausse reconnoissance, & l'entête-
ment de quelques personnes. Je vis dans un
instant l'objet de 18 mois de peines, de soins &

I 3

de périls extrêmes, avec plus de 120,000 livres de dépenses que cette Place avoit coûté au Roi, perdues fans reffource.

Le 18, M. de Marigni vient à bord de la Bretagne rendre compte de la prife de l'Ardent. Le Général témoigna fa furprife de ce qu'on ne lui avoit pas amené le Capitaine & quelques Officiers de ce vaiffeau, pour les interroger. On lui dit que les Officiers capteurs s'étoient acquittés de ce foin, & que l'Anglois avoit répondu n'avoir aucune connoiffance de fon Efcadre, qu'il favoit feulement qu'elle tenoit la mer dans ces parages, & que ce qui avoit caufé fon malheur étoit d'avoir pris l'armée combinée pour la fienne.

Cet Officier à fon retour en Angleterre fut jugé par un Confeil de Guerre, & déclaré incapable de fervir le Roi, parce qu'il avoit pris une Efcadre de foixante-cinq vaiffeaux pour une de trente-neuf.

Les vents ayant fraîchi, on mit à la cap, fous la mifaine & l'artimon, le mauvais temps continua pendant plufieurs jours, accompagné de tonnerre, dont quelques vaiffeaux fe reffentirent. Le 20, il tomba à bord de la Sainte-Trinité, fit confentir fa grande vergue, tua & bleffa 12 à 14 hommes. Le Protée eut fon grand mât fendu, avec quelques hommes tués ; l'Ardent le remplaça dans la ligne.

Le 23, le temps s'éclaircit, il fit presque calme, on se reconnut, & on fut tout étonné de se trouver à plus de 80 lieues dans l'ouest des Sorlingues, c'est-à-dire, à 120 lieues de Plimouth.

Le 24, bon frais, les vents au nord-nord-ouest ; il eût été facile de regagner une partie de cette immense dérive. Mais les frégates ayant signalé vingt vaisseaux dans le sud-sud-est, on ordonna une chasse générale, qui dura deux heures ; après quoi on reconnut l'Escadre d'observation. Cette chasse hors de propos, qui recula l'armée, ne fut occasionnée que par la faute de ceux qui reconnurent avec trop peu d'attention. Le 25, jour de la S. Louis, joli frais. Toute l'armée se mit en panne à sept heures du matin, avec ordre à tous les Officiers-Généraux de se rendre à bord de la Bretagne, pour la tenue d'un Conseil de Guerre. On s'occupa tout le jour à faire une répartition de vivres & d'eau ; cette manœuvre fut d'autant plus difficile que la mer étoit alors très-houleuse. A sept heures du soir on fit servir toute l'armée, sous le petit hunier, pour toute la nuit.

Le 26 les vents au sud-sud-est, grand frais l'armée, le Cap à l'est-quart-nord-est. Vers

I 4

midi, on fignala des voiles fous le vent; demi-
heure après on en fignala 20, après quoi
on en fignala 200 avec l'air du vent qui
étoit je crois nord - nord - oueft. Les fignaux
furent répétés par toute l'armée; enfuite le Général arbora fignal de chaffe générale: dans un
inftant les vaiffeaux furent couverts de voiles.
Cette chaffe dura près de cinq heures, avec
toute la vigueur poffible. On ne découvrit encore rien, & on commençoit à s'impatienter
lorfque les Répétiteurs de l'avant firent fignal
d'annuller les fignaux faits précédemment. On
s'étoit trompé, il n'y avoit ni flotte ni bâtiment;
l'armée fe trouva, par une chaffe fi vigoureufe,
confidérablement hors de fa route. Il fallut bien
du temps pour fe réformer & gagner ce qu'on
venoit de perdre.

Cette chaffe ne fut encore occafionnée que
par la faute des frégates qui firent trop légèrement les fignaux, & reconnurent avec trop peu
de foin; ce qui entraînera toujours les plus dangereufes conféquences. Il m'échappa de dire à
ce fujet que fi j'étois à la place du Général, je
mettrois au Confeil de Guerre l'Officier qui
avoit fait le premier de faux fignaux, & dérangé
l'armée, afin d'apprendre aux autres à être plus
exacts dans leurs obfervations; & je rappellai

ce que j'avois dit au sujet de la reconnoissance de Plimouth, qui avoit été si mal-faite, ce dont on venoit d'avoir la certitude par un bâtiment neutre qu'on visita, & qui déclara l'avoir été la veille par l'Escadre Angloise, à environ vingt lieues plus à l'ouest. Cette vivacité trop franche & trop vraie déplut infiniment, & me fit des ennemis.

Les 27, 28, 29 & 30, il ne se passa rien de remarquable. L'armée fit petite route pour se rapprocher de la Manche.

Le 31, quatre heures du matin, l'armée marchant sur trois colonnes, le Cap à l'est-quart-sud-est, les vents étant à l'ouest-nord-ouest, elle eut connoissance de l'Escadre Angloise, sous le vent, à la distance d'environ trois lieues.

On fit d'abord signal de branle bas général; on ordonna ensuite la ligne de bataille, avec signal de force voile, & différens autres signaux relatifs aux préliminaires d'un combat.

A environ 7 heures, la ligne de bataille se trouva à-peu-près formée. Plusieurs Officiers représentèrent au Général qu'il conviendroit mieux d'ordonner une chasse générale, au moyen de laquelle on envelopperoit l'ennemi en peu d'heures; mais, comme la ligne étoit formée, & qu'on commençoit à faire route, il

refuſa de déférer à leur avis : enfin étant vivement preſſé & ſollicité , il ſe laiſſa ſéduire , &
ordonna le ſignal de la chaſſe générale , contre
ſon propre ſentiment , & contre celui de M. du
Pavillon ; on rompit la ligne , & tous les vaiſſeaux chaſsèrent avec toutes les voiles au vent.

A huit heures le Général reconnut le tort
qu'il avoit eu ; il ſe repentit d'avoir déféré à
l'avis de ſes Officiers , & fit ceſſer la chaſſe. On
ſignala de rechef la ligne de bataille ; il fallut
un temps conſidérable pour la réformer , les
meilleurs voiliers de la queue avoient dépaſſé
ceux de la tête : à 10 heures environ elle fut ré-
tablie.

L'ennemi n'avoit pas perdu de temps ; il
avoit formé ſa ligne dès le matin, il n'avoit pas
changé ſon ordre de marche , il avoit conſidé-
rablement gagné de l'avant. L'équipage eut un
moment de joie , mais elle fut de courte durée,
& ſe changea en un morne ſilence , lorſqu'on
eut reconnu l'irréſolution des manœuvres ; ce
qui n'échappa pas aux plus ſimples matelots.
Il y eut de vifs débats à ce ſujet. M. du Pavillon déclamoit hautement contre les donneurs
d'avis , menaçoit de dépoſer la lunette , &
aſſuroit ſur ſa tête que ſi on eût laiſſé ſubſiſter le
premier ordre , l'ennemi étoit coupé ; & il

difoit vrai. Ceux qui l'avoient fait changer foute-
noient de leur côté que fi on eût commencé
par la chaffe générale, en deux heures de temps
il eût été enveloppé. Le Général impatienté de
tous ces propos, impofant filence, & adreffant
la parole à un Capitaine de Vaiffeau (M.
Hamilton), taifez-vous, lui dit-il, ce n'eft
pas votre affaire ; j'ai eu tort de vous écouter,
ainfi que d'autres : vous n'y entendez rien du
tout, je m'en fuis apperçu plufieurs fois.

Il fit enfuite défendre l'entrée de la Chambre
du Confeil : cette précaution étoit tardive ; s'il
eût pris ce parti plutôt, il n'eût pas été contre-
dit dans fes vues, fes ordres euffent été exécutés
fans replique. La Chambre du Confeil étoit le
rendez-vous général. On y rencontroit jufqu'à
des Timoniers : les Enfeignes, les Gardes-Marine, s'y promenoient le chapeau fur la tête,
en préfence du Général. Chacun y difoit fon
avis, fans égard, ni confidération.

J'ignore quelle eft la police établie chez les
autres Nations, mais je fais qu'en Angleterre
le Commandant du Vaiffeau a feul le droit
d'entrée de la Chambre du Confeil ; tous les
autres Officiers doivent y être appellés, on n'y
admet jamais de Gardes-Marine, ni d'Enfeignes ; il n'eft permis à perfonne de contredire

le fentiment du chef, fans y être préalablement autorifé par une invitation. Les délibérations y font fecrètes, les ordres s'exécutent fans repli-que, chacun y eft refponfable de fes faits.

Cette police feroit affez difficile à s'établir en France, où les plus jeunes veulent être les plus favans: l'évènement de cette journée devroit à jamais fervir d'exemple, & faire connoître combien il eft important que les ordres d'un chef foient exécutés fans replique; s'il les donne mal, lui feul en doit répondre.

A midi, l'armée fe trouvoit en vue de la pointe d'Angleterre. On commença à s'apperce-voir que trois vaiffeaux de la ligne ennemie dérivoient confidérablement, on eut l'efpérance de s'en emparer.

A deux heures, ils fe trouvoient à plus de trois lieues de leur ligne, & à-peu-près vis à-vis la tête de la nôtre; il fut très-facile de les juger. Le matin la ligne Angloife étoit de 39 vaiffeaux; à midi on n'en comptoit plus que 36. Je fus un des premiers qui les fit remarquer, & je continuai de les obferver avec foin jufqu'à la nuit. Je les indiquai à deux heures, dans l'ef-pérance qu'on feroit fignal à quelques vaiffeaux de la tête de la ligne, ou à l'Efcadre légère de revirer fur eux pour les couper. On me dit qu'on avoit du temps, qu'ils ne pouvoient pas échapper, & qu'avant de rompre la ligne, il falloit savoir si on ne joindroit pas l'ennemi.

A trois heures je fis encore remarquer ces trois vaisseaux qui se trouvoient au-dessous du centre de notre ligne; on me dit qu'on ne pouvoit pas encore songer à rompre la tête de la ligne, que M. de Cordova, qui se tenoit sur les derrières, ne manqueroit pas de les arrêter; que d'ailleurs il leur étoit impossible d'échapper.

A quatre heures je fis encore observer que ces vaisseaux se trouvoient vis-à-vis la queue de notre ligne, qu'ils se laissoient dériver exprès, & quoiqu'ayant toutes voiles dehors, ils ne faisoient pas route; que leurs manœuvres indiquoient le dessein qu'ils avoient de couper sur nos derrières, quand nous les aurions dépassés. On me dit encore que cela n'étoit pas possible. Enfin, à cinq heures (les vents avoient tourné à l'est, & successivement au sud-est) un de ces trois vaisseaux, qui avoit dérivé plus que les deux autres, revira vent arrière, porta le Cap au nord-est, & on le vit s'élever & gagner sur nos derrières, avec une vitesse qui le déroba bientôt à la vue; le temps se couvrit, les deux autres vaisseaux, au lieu de continuer à tenir le plus près du vent, profitèrent de la brune pour s'éloigner en portant le Cap au sud-sud-est.

Aucune manœuvre de ces vaisseaux (reconnus pour être du premier rang) ne m'échappa, non plus qu'à tout l'Equipage, qui les observa comme moi. Aucune ne fut ignorée du Général, mais lorsqu'il en parloit, on lui répondoit qu'on savoit tout cela, qu'il pouvoit être tranquille, qu'ils n'échapperoient pas. En attendant ils surent se soustraire à une sécurité de notre part qu'on peut à juste titre appeller négligence. Pour comble de malheur, à six heures, M. de Cordova signala sous le vent une flotte d'emblée; sur le champ on fit revirer toute l'armée, en ordonnant une chasse générale.

Si on eût continué à suivre l'ennemi, on l'eût joint de toute nécessité; il n'avoit d'autre refuge que Spithéad, & c'étoit le grand coup que de l'y renfermer. On restoit par-là maître de la mer, & de l'Isle de Wigth, d'où il eût été facile de le détruire en le bombardant; mais tout fut perdu dès l'instant qu'on l'abandonna.

Après avoir chassé pendant une heure, on commença à découvrir dans l'éloignement un bon nombre de bâtimens; on crut même reconnoître le pavillon Anglois ; on alloit chanter victoire, tous les bâtimens ne pouvant manquer d'être enveloppés.

La joie renaissoit quand de ce groupe de voiles on entendit partir 22 coups de canons, salut qui fut rendu par l'Amiral-Espagnol. Ce qu'on prenoit pour la flotte signalée, & que lui-même avoit déjà enveloppée, étoit six bâtimens marchands Hollandois, escortés d'une frégate, qui sortirent de tous ces embarras au moyen d'un salut.

Chaque coup de canon étoit un coup de poignard qui détruisoit nos espérances, & nous faisoit connoître que nous étions encore trompés. Toute l'armée reploya ses voiles; on ordonna la marche sur trois colonnes, on régla la voilure pour la nuit, portant le Cap ouest-nord-ouest ou environ.

Un ennui mortel m'accabloit depuis l'instant que l'armée avoit quitté la vue de Plimouth, & que l'espérance de s'en emparer étoit perdue. Voyant ma présence à bord fort inutile, & ma santé altérée, je demandai au Général la permission de débarquer, en passant sur le Triton qu'on renvoyoit en France. Il me l'accorda: en conséquence je quittai la Bretagne le 3 Septembre, à six heures du soir, avec le sieur Haller

(le Chevalier de la Villeurnois acheva la campagne) ; & le lendemain à midi, nous mouillâmes dans la rade de Breft.

CHAPITRE XI.

Mon départ de Breft & mon retour à Paris ; accidens & vifites en route ; faux bruits répandus contre moi ; état des fommes qui m'étoient dues au premier Janvier 1780 ; inutiles efforts pour faire adopter mon plan d'attaquer Plimouth.

JE ne m'arrêtai que trois jours à Breft, pour laiffer prendre les devans au Courier de M. le Comte d'Orvilliers, ainfi qu'il m'en avoit prié, afin que le Miniftre fût informé, par lui, des détails de la campagne. Il craignoit apparemment que mon rapport ne lui fût pas avantageux, mais on a pu connoître, par tout ce que j'ai dit, quelle étoit ma manière de penfer fur cet Officier-Général, & mes fentimens pour lui. J'ai tenu chez les Miniftres, & par-tout où j'ai eu occafion d'en parler, le même langage que

dans

dans mes Mémoires. M. le Comte d'Orvilliers, avec les qualités d'un bon Général, a eu la foibleſſe de quelques grands hommes ; une modeſtie craintive lui a fait douter de ſa capacité ; il n'a pu ſoutenir avec aſſez de fermeté ſon opinion, qui étoit la bonne, ni faire exécuter ſes premiers ordres, qui étoient toujours bien donnés ; on ne parvenoit que trop aiſément à lui perſuader qu'il ſe trompoit.

Le jour de mon débarquement je ſoupai chez M. de la Porte ; il y fut beaucoup queſtion de l'armée, mais je ne me permis aucune réflexion ſur M. le Comte d'Orvilliers, ni ſur ſes manœuvres, qui tendiſſent à attaquer le mérite de l'un, & à cenſurer les autres.

Le deuxième jour je le paſſai tout entier chez M. de la Porte, à la réſerve d'une viſite que je fis l'après-dîné à des dames dont le nom ne m'eſt pas préſent, & où pluſieurs Officiers de Marine ſe trouvèrent. Dans le cours de la converſation, on me demanda comment je m'étois trouvé à bord : je répondis que mes gens y avoient beaucoup ſouffert (1), & que je m'étois attendu à y

_____

(1) J'avois eſpéré que mes domeſtiques, ou du moins les Couriers, ſeroient nourris à l'office ; mais ils furent tous mis à la ration des Matelots ſans aucune diſtinction. Ces

K

être plus commodément, d'après ce que M. le Comte d'Orvilliers & le Ministre m'avoient annoncé ; j'ajoutai que les circonstances, qui ne m'avoient pas permis d'arriver à bord avant que tous les postes fussent pris, en étoient l'unique cause. Je n'avois d'ailleurs aucun sujet de mécontentement contre les Officiers en particulier : c'étoit encore moins par délicatesse. J'étois accoutumé depuis près de deux années à une navigation fatiguante & pénible, mais j'avois pu espérer d'être mieux que je ne le fus à bord de la Bretagne. De simples Volontaires occupoient, dans la pre-

---

gens, peu accoutumés à vivre de fromage & de morue gâtée, mouroient de faim ; je fis quelques représentations à ce sujet, on me répondit qu'il n'y avoit pas à l'office de quoi nourrir plus de domestiques que ceux qui y étoient déjà. Cette raison étoit sans réplique, mais je fus bientôt informé qu'il se faisoit un commerce de viande de la desserte des tables, & qu'on pouvoit, à prix d'argent, se procurer un bon ordinaire : malgré le monopole excessif des frippons qui la débitoient, mes gens furent nourris.

Les pauvres Matelots ou convalescens qui desiroient quelques petites douceurs pour se mettre en appétit, étoient obligés, lorsqu'ils manquoient d'argent, de vendre au Cambusier, ou à d'autres Matelots, la ration qu'ils recevoient, pour se procurer, avec ce qu'ils en retiroient, un petit morceau de viande qu'on leur vendoit fort cher.

mière grande chambre, des postes plus propres & plus commodes que celui qui m'avoit été donné dans la seconde (1).

Le 6, qui étoit un dimanche, je fis une visite à M. le Marquis d'Aubeterre, qui ne me dit rien, & une à M. de Langeron, qui parla beaucoup, mais avec qui je n'entrai dans aucun détail.

Le 7 au matin, je quittai Brest avec M Hamilton, Capitaine de vaisseau ; il étoit irrité contre M. le Comte d'Orvilliers, qui l'avoit si vivement réprimandé le 31 Août. Il chercha à s'en venger d'une manière cruelle, en répandant sur lui les bruits les plus défavantageux, & le chargeant de tout le mauvais succès de la campagne. Je lui fis quelques représentations à ce sujet, mais elles furent inutiles : il avoit le cœur ulcéré.

_____

(1) Ce poste étoit resté vacant parce qu'on avoit craint de l'occuper, depuis le débarquement d'un Officier d'Infanterie, qu'on avoit laissé à la Corogne, attaqué d'une fièvre putride qui infectoit la chambre.

M. de Sartine me dit, le jour de mon départ de Versailles, M. le Comte d'Orvilliers m'écrit qu'il vous a fait arranger un cabinet dans la chambre du Conseil, où vous serez commodément ». Ce cabinet avoit été construit, mais il n'existoit plus quand j'arrivai à bord.

Cependant, l'importance de mes démarches, l'ardeur & l'intrépidité que j'annonçois avoient fixé les yeux sur moi, & irrité l'envie; tout ce que dit l'Officier dans l'auberge de Breft, je paffai pour l'avoir dit, parce qu'on ignoroit fon débarquement, & qu'on favoit que j'y logeois. Il me dévança en route, & continua de répandre les mêmes bruits contre le Général & l'armée. Tout cela paffa fur mon compte; je n'ai été informé de tous ces détails que deux mois après, & je ne les rapporte ici que pour me difculper des murmures & de la critique amère qui me furent attribuées dans le temps.

Je faillis à être tué à quarante lieues de Breft, par la faute des poftillons qui me conduifoient; mais heureufement tout le mal tomba fur ma voiture. Il n'en fut pas de même en entrant à Rennes: une roue s'étant engagée dans un reffort, je fis arrêter pour l'examiner. J'y portai inconfidérément la main, mais par l'inattention du Poftillon la voiture avança; je n'eus pas le temps de me dégager, & je courois le rifque d'avoir le bras arraché, fi l'effieu dans ce moment ne fe fût rompu; cette rupture fit réchapper la roue; je tombai de côté avec ma voiture fur ma main droite, qui fut prefque écrafée. Il étoit minuit, on me tranfporta dans l'auberge la plus voifine, pour m'y donner les fecours dont j'avois befoin.

M. l'Intendant ayant appris l'accident qui m'étoit arrivé, vint à huit heures du matin m'offrir fes fervices ; je fus très-fenfible à cette atention d'un Magiftrat dont je n'étois pas connu: Il m'invita à dîner de la part de M. l'Evêque de Rennes; je crus que ma bleffure ne me permettoit pas d'accepter, & je m'engageai feulement à lui faire une vifite. Ce Prélat me reçut avec une diftinction marquée ; il me parla beaucoup de mes propres affaires , & me dit qu'étant intimement lié avec M. de Sartine, il n'ignoroit rien de tout ce que j'avois fait. J'attribuai l'accueil qu'il me faifoit à la bonne opinion que ce Miniftre lui avoit donnée de moi. Il me dit auffi qu'il recevoit deux fois la femaine un Journal exact de tout ce qui fe paffoit à l'armée. Effectivement il me parut très-inftruit (1).

_____

(1) Ceci me rappelle un abus dont je n'euffe pas parlé. Toutes les fois qu'on détachoit une frégate de l'armée, chacun écrivoit à qui il vouloit; cette facilité étoit une voie sûre par laquelle l'ennemi fe procuroit le détail de tout ce qui fe paffoit à bord.

Dans le temps que l'armée étoit encore fur les côtes d'Efpagne occupée à établir fa ligne de bataille , & à répéter les fignaux, le tableau eu étoit déjà parvenu en

Je lui parlai librement des fautes qu'on avoit faites, & nous nous affligeâmes ensemble du peu de fruit qu'on retiroit d'une campagne qui s'étoit annoncée de la manière la plus brillante. Il fit des instances si pressantes pour me retenir à dîner, que malgré ma blessure je crus que l'honnêteté m'obligeoit à rester.

Là, se trouvoient madame & mademoiselle de Girar, M. l'Intendant, & deux Colonels d'Infanterie ; ces derniers qui voulurent faire les instruits sur tous les évènemens qui avoient accompagné mes services, racontèrent bien des

---

Angleterre avant que d'être distribué à bord des vaisseaux ; le Courier d'Avignon en fit même mention : on en parut surpris, rien n'étoit plus facile à comprendre ; les personnes chargées de cette partie, vendoient à bord, à vingt-quatre sous la feuille, tout ce qui s'y imprimoit. Un Matelot acheta pour moi, moyennant un louis, un livre contenant le recueil complet & enluminé de tous les signaux & de tous les ordres de l'armée ; de semblables livres furent envoyés à terre : les paquets étoient-ils trop gros pour les mettre dans le sac aux lettres, on les confioit aux Canotiers des frégates, avec commission de les remettre à telle ou telle personne à Brest. Pas un Matelot n'ignoroit l'état positif de l'armée, chacun savoit pour combien de jours il y avoit de vivres à bord : par la même raison, toute la France, ainsi que l'Angleterre, en étoit instruite.

chofes, dont je n'avois aucune connoiſſance, auxquelles je ne répondis que par un fourire qu'on interpréta en ſigne d'approbation ; & ſans que j'euſſe parlé, on m'imputa depuis à Paris les abſurdités que je n'avois pas même pris la peine de contredire.

Je partis de Rennes à minuit. Le 11 j'arrivai à Alençon ; je m'y arrêtai quelques heures pour faire mettre un appareil à ma bleſſure qui me cauſoit beaucoup de douleur, & raccommoder ma voiture qui étoit derechef caſſée. J'y reçus la viſite de M. Butler, Capitaine de l'Ardent. Cet Officier étant ſans argent, je lui offris ma bourſe. Il accepta deux cents louis ſur ſa parole, & me les fit exactement remettre à ſon retour à Londres. J'avois rendu en différentes fois de ſemblables ſervices à plus de 60 particuliers, tant Officiers que Négocians (& je ne l'ai refuſé à aucun) qui ſe trouvoient priſonniers en Angleterre, & qui manquoient du néceſſaire pour y ſubſiſter ou pour ſe rendre dans leur patrie ; & je dois dire à l'honneur de tous ceux à qui j'ai rendu ces ſervices, qu'ils ont eu ſoin de me faire rembourſer à leur retour en France.

Le 12, à neuf heures du ſoir, j'arrivai à Verſailles.

K 4

Le 13 je vis un moment M. de Sartine, que je trouvai vivement affecté des mauvaifes nouvelles qu'il avoit reçues de M. le Comte d'Orvilliers, & par M. Hamilton, qui m'avoit dévancé de trois jours : je n'eus pas le temps d'entrer dans aucun détail avec lui. Ma main s'étoit enflammée de manière à menacer de la gangrenne, ce qui m'obligea de me rendre à Paris, où j'arrivai à midi pour me mettre au lit.

J'y reftai environ un mois malade, & en danger de perdre la main. Lorfque je commençai à me lever, j'appris que la calomnie s'étoit déçhaînée contre moi, & qu'elle alloit jufqu'à vouloir rendre ma conduite fufpecte d'infidélité envers l'Etat. Lorfque je pus fortir, je fus trouver M. de Sartine, à qui j'en témoignai ma fenfibilité. Il eut la bonté de me dire que je pouvois être tranquille fur la manière de penfer du Miniftre à mon égard. Dès-lors je négligeai ces bruits publics, perfuadé qu'ils tomberoient d'eux-mêmes, n'ayant d'autre caufe que la mauvaife humeur de quelques perfonnes jaloufes de mon avancement.

Cependant je continuai à recevoir mes dépêches d'Angleterre. Ceux de mes gens qui avoient compté fur une plus grande fortune, étoient défolés du peu de fuccès des opérations. Ils

voyoient leurs projets de richeſſes détruits , &
leurs peines & ſoins bien loin d'une récompenſe proportionnée à leurs deſirs. L'eſpérance
néanmoins ne les abandonna pas : ils m'infor-
mèrent que , malgré l'alerte qu'on avoit eue ſur
Plimouth , on n'avoit pas fait uſage des moyens
propres à mettre cette place hors d'inſulte ; que
la ſécurité étoit d'autant plus grande à ce ſujet
qu'on étoit perſuadé que la France n'avoit eu
aucun deſſein ſur elle , puiſqu'elle avoit négligé
de s'en emparer ; qu'en conſéquence on n'y
avoit envoyé qu'un Bataillon de Milice , qui
étoit en garniſon dans la Ville , ſans rien ajouter à la Citadelle , ce qui rendoit l'exécution
du projet toujours auſſi facile. Tous mes agens
me reſtant fidèles , je crus que le projet ne devoit point être abandonné : dès que ma conva-
leſcence me le permit , je fis exécuter ſous mes
yeux , en pierre blanche , le relief le plus détaillé de cette place , dans toutes ſes propor-
tions.

Je dreſſai un plan d'attaque pour la conduite
des troupes , & j'y joignis un mémoire bien
circonſtancié , pour tout ce qui devoit précéder
l'embarquement. Je réduiſis à 2000 hommes
les troupes qui devoient être embarquées , à 400
celles qui devoient former l'attaque & s'empa-

rer de la Citadelle. Je demandai un vaisseau,
une frégate & deux bâtimens de transport ; au
moyen de quoi Plimouth eût été pris, avant
seulement qu'on eût pu soupçonner le dessein.
L'hiver approchoit, & favorisoit cette entreprise
par la longueur des nuits. Il y avoit encore
des troupes sur le bord de la mer. Les Escadres
étoient tranquilles dans les ports, aucuns préparatifs ne pouvoient troubler la sûreté de l'Angleterre, les plus gros vaisseaux de l'ennemi
étoient retirés dans le Dock pour hiverner, ce
qui rendoit encore le projet plus intéressant,
parce que Plimouth pris, ces bâtimens étoient
à nous. Dès que je pus sortir, je communiquai mon travail à M. de Sartine ; lorsqu'il l'eut
examiné, il en reconnut la solidité, & conçut
de nouvelles espérances: il en parla à M. le
Comte de Maurepas, qui voulut prendre connoissance de cette affaire. Je me rendis chez lui.
Il examina avec beaucoup d'attention les reliefs
& les mémoires. Il me fit plusieurs objections
auxquelles je n'eus pas de peine à répondre.
Ayant paru très satisfait, il me donna ordre
de communiquer le tout au Ministre de la
Guerre, en ajoutant qu'il en seroit ensuite question au comité. M. le Prince de Montbarey,
après avoir pareillement examiné le relief & le

plan d'attaque, me dit qu'il falloit faire venir
M. de B......., pour en raifonner enfemble.
Je communiquai auffi le projet à M. le Comte
de Vergennes, qui me témoigna de bonnes difpofitions.

L'affaire ayant été mife en délibération au
comité, il y eut des objections fur les probabi-
lités du fuccès, qui ne furent point réfolues : l'affaire paffa d'un autre comité à un autre, on ne
décida rien ; la fin de Décembre approchoit,
& l'on ignoroit encore le parti qu'on pren-
droit.

M. de Sartine m'avoit expreffément commandé d'entretenir tous les chofes dans le même état
d'activité : je lui avois repréfenté que j'étois fans
argent, tous mes fonds ayant été engagés pour
le fervice de la campagne, conformément à
fes ordres. Je le fuppliai de me faire rembourfer. Il me demanda le mémoire détaillé de mes
dépenfes pour le mettre fous les yeux du Roi ;
je lui remis dans la forme fuivante.

État général des dépenses faites pour le compte du Roi , & des sommes qui m'étoient dues au premier Janvier 1780.

Il m'étoit dû, au premier Juillet 1779 , pour les avances que j'avois déjà faites. . . . . . 116,724 liv.

Les dépenses courantes, fur le pied qu'elles avoient été arrêtées par M. de Sartine au mois de Juin 1778 , pour 6 mois, à compter du premier Juillet 1779 jufqu'au premier Janvier 1780, à 37,368 liv. par mois. 224,208

L'augmentation accordée , en renouvelant les traités , montant à 640 liv. fterlings par mois, pour 6 mois 3,840 liv. fterlings, faifant argent de France. 92,160

Les dépenses extraordinaires occafionnées pour les pilotes. . . 72,000

_____

505,092 liv.

ci-contre. . . . . . . 505,092 liv.

Les frais de courfes & gages des
Couriers de Calais à Verfailles
pour 6 mois. . . . . 2,000 liv.

Total général des fommes dont
j'étois en avance au premier Janvier 1780. . . . . 507,092 liv.

Le Miniftre reçut le Mémoire en me difant
qu'il l'examineroit.

Cependant, comme on ne décidoit rien pour
Plimouth, on me remettoit d'un jour à l'autre.
M. de B . . . . . . arriva & fut confulté ; mais cela
n'accélera pas beaucoup les réfolutions. J'avois
pendant ce temps relevé toutes les efpérances de
mes agens, fous la promeffe d'une prochaine
entreprife ; ils redoubloient de zèle & d'ardeur.
Enfin au moment où je croyois qu'on alloit
agir, M. de Sartine me dit qu'il avoit été arrêté qu'on ne feroit rien. Un coup de foudre
m'eût moins étonné ; j'avois mis toute ma fortune dans cette entreprife, & beaucoup même
au-delà, s'il falloit remplir tous les engagemens
que j'avois pris par écrit. Cependant j'étois fans
un fol ; le Miniftre, depuis que je lui avois remis
mon état de dépenfe, n'y avoit répondu que par

de nouveaux délais, parce qu'il lui étoit impoffible, difoit-il, eu égard aux circonftances, de
payer une auffi forte fomme; & ce retard me
mettoit dans le plus grand embarras.

Sur le refus du Miniftre de faire ufage des
moyens que je propofois, & des difpofitions
que j'avois établies, je crus pouvoir m'adreffer
à la Cour d'Efpagne, par la voie de fon Ambaffa-
deur. En conféquence j'écrivis à M le Comte
d'Armanda, pour le prier de m'indiquer une
heure où je pourrois le trouver feul, ayant à
à l'entretenir d'une affaire effentielle. Il me l'in-
diqua ; je me rendis chez lui. Il ne me donna
pas le temps de rien expliquer. Il me dit qu'il
favoit de quoi je voulois l'entretenir, qu'il ima-
ginoit que c'étoit un projet fur Plimouth, qui
lui avoit été communiqué chez M. de Maurepas. Je lui répondis qu'effectivement il avoit
deviné jufte : nous entrâmes dans des détails (il
ignoroit la réfolution qu'on avoit prife de ne
rien faire) , & après s'être procuré une connoiffance exacte de l'opération, il me dit qu'il fe
faifoit fort de déterminer la Cour de Madrid à
fournir les vaiffeaux & bâtimens que je demandois avec 1000 hommes, fi la France en donnoit 1000 autres. Il promit d'en faire la propofition le furlendemain au comité. Je le priai

de ne pas dire qu'il m'eût vu, ni que je lui eusse parlé de rien. Il me donna rendez-vous à son retour de Versailles. Je vis le même jour M. de Sartine, à qui je demandai la permission de proposer à l'Espagne l'affaire de Plimouth; Il me dit qu'il en parleroit, & qu'il me donneroit réponse. Le lendemain il m'annonça qu'on me défendoit très-expressément de faire aucune démarche à ce sujet: je me trouvois un peu embarrassé, parce qu'elle étoit faite; je n'eus pas occasion de revoir M. le Comte d'Arrmanda pour le prévenir; mais, malgré tout cela, il évita de me compromettre. En effet, s'étant rendu chez M. de Maurepas, qui lui demanda, au premier mot, ce que j'avois été faire chez lui tel jour, à telle heure, il répondit que des affaires que j'avois en Espagne m'y avoient conduits, & qu'il m'avoit parlé d'un projet sur Plimouth, dont on lui avoit donné connoissance il y avoit 15 jours; que même nous étions entrés à ce sujet dans quelques détails. Il ajouta qu'autant qu'il avoit pu en juger, cette affaire étoit glorieuse à entreprendre. Les choses en restèrent là. En arrivant à Paris, il me fit avertir de le venir voir, & m'instruisit des particularités que je viens de rapporter. Je connus par là qu'on observoit mes démarches, & d'après la défense

qui m'avoit été faite, j'abandonnai le projet
d'intéreffer l'Efpagne dans cette affaire.

Je communiquai à mes agens le peu de fuccès de mes démarches, afin de ne pas les laiffer
plus long-temps dans l'incertitude ; ce qui les
affligea beaucoup.

Je voyois avec trop de chagrin l'efpérance
d'une pareille expédition s'éloigner, pour négliger de tenter toutes les voies propres à faire
adopter aux Miniftros un fentiment favorable à
mes deffeins. Je confultai à ce fujet mes agens
& mes amis ; nous arrêtâmes qu'il falloit tenter l'expédition à nos rifques & fortunes : nous
examinâmes ce que mon crédit, joint au leur,
pouvoit me procurer de fonds en Angleterre ;
ils fe montèrent à environ quatre millions, en
y ajoutant ce qui m'étoit dû par le Roi, 250,000
livres de contrats que j'avois, & les avoir de
mes agens. Lorfque je fus affuré de cette fomme,
je propofai au Miniftre de payer au Roi trois
millions comptant, s'il vouloit me confier un
vaiffeau de 64, une frégate, deux bâtimens de
tranfport, & 1000 hommes de troupes, pour
enter l'expédition de Plimouth à mes rifques
& fortune. La propofition demandoit d'être exa-
minée; au bout de quatre jours, elle fut rejetée.

Ma demande étoit fimple : je me foumet-
tois

tois de remettre la place au Roi, dès que je m'en ferois rendu maître, avec tout ce qu'elle contenoit, en me remboursant mes avances, & en m'en rapportant du reste à la munificence de Sa Majesté.

Mais on prétendit qu'il ne convenoit pas au Roi d'accepter de pareilles propositions. Je crois cependant qu'il seroit difficile de trouver un plus grand exemple de désintéressement & de patriotisme. On m'avoit expressément défendu de confier à personne aucun détail de ce qui avoit rapport à mon service. J'avois été très-exact sur ce point, & cette exactitude même me priva des conseils nécessaires pour me conduire dans des conjectures aussi délicates.

Dans ces entrefaites, M. de Sartine me donna ordre de communiquer à M. le Comte d'Estaing mes mémoires. Je me rendis plusieurs fois chez lui à Passi à ce sujet : je ne lui cachai pas l'embarras où j'étois relativement à mes avances, & je lui parlai du projet que j'avois de mettre sous les yeux du Roi le détail de toute ma conduite. Il me fit sentir que cette démarche pourroit offenser les Ministres, & que je devois, avant tout, faire usage des voies que je croirois propres à me faire payer. Je m'adressai à M. le Comte de Maurepas ; il me dit que c'é-

L

toit à M. de Sartine à régler cette affaire, & qu'il lui en avoit parlé. J'écrivis aussi à M. le Comte de Vergennes ; il eut la bonté d'écrire à M. de Sartine en ma faveur, mais soit par distraction ou avec dessein, il joignit ma lettre à la sienne. Elle n'étoit peut-être pas assez réfléchie. Je m'apperçus bientôt que M. de Sartine mettoit vis-à-vis de moi plus de froid dans son accueil, sans néanmoins m'ôter l'espérance de mon remboursement. Il me dit qu'on m'accusoit de faire excessivement de dépenses à Paris, & de beaucoup d'indiscrétion. Ces reproches me furent d'autant plus sensibles qu'ils étoient mal fondés ; je vivois seul chez moi , & ne voyois personne au-dehors. Je lui en fis l'observation, en ajoutant que je défiois qui que ce fût de pouvoir me soutenir devant lui qu'il m'eût entendu parler de rien qui eût rapport aux affaires du Gouvernement. Il n'eut pas l'air d'être persuadé; je pris la liberté de lui écrire, pour lui témoigner mon chagrin & mes inquiétudes sur l'altération de ses sentimens & de sa confiance. Ma lettre produisit un bon effet, & j'eus la satisfaction de voir qu'il recommença à me traiter avec les mêmes bontés qu'auparavant.

Voyant qu'on renonçoit à toute espèce

d'entreprife fur le continent d'Angleterre , je donnai ordre à quatre de mes gens, dont la fidélité m'étoit connue , de prendre parti dans les troupes qu'on embarquoit pour Gibraltar & l'Ifle Minorque. Je leur fis remettre, avant leur départ, les inftructions néceffaires fur ce qu'ils auroient affaire , quand ils me verroient arriver dans ces différens endroits.

Quelque temps après leur départ, M. de Sartine me commanda de me rendre fur Oueffant avec un de mes bâtimens , pour obferver une efcadre ennemie , dont le deffein étoit d'intercepter les vaiffeaux François , chargés de tranfporter en Amérique M. de Rochambeau , avec fon armée, & de favorifer la fortie de Breft aux bâtimens François, en indiquant à l'heure & au moment ce que je pourrois découvrir ; il me dit en même-temps qu'il me feroit remettre de nouveaux fonds. En conféquence j'ordonnai à mon Capitaine de fe tenir prêt à partir avec quatre mois de vivres , mon intention étant en quittant Breft de me rendre à Gibraltar , d'où enfuite je voulois paffer à Minorque.

Cette nouvelle carrière m'expofant à des dangers de plus d'un genre , je mis ordre a mes affaires domeftiques , & comptant fur mon remboursement, comme fur une chofe certaine, je pris des arrangemens avec M. le Marquis de Vaines pour l'acquifition d'une terre qu'il vouloit vendre en Alface. J'avois peu de temps auparavant placé 150,000 livres, en contrats dans l'achat de l'Ifle de Maffaire à Saint-Domingue, que MM. les Maréchaux de Noailles m'avoient vendue. Les autres 100,000 livres de contrats que j'avois furent aliénées pour foutenir la dépenfe relative à mes relations en Angleterre, en attendant la rentrée de mes fonds. Toutes mes difpofitions étant ainfi faites, & ayant environ 10 jours devant moi avant mon départ, je profitai de ce loifir pour me faire préfenter au Roi. De puiffans motifs me déterminèrent à cette démarche. Je jouiffois d'une fortune confidérable, je n'avois rien négligé pour rendre mes fervices utiles; le Miniftre m'avoit dit plufieurs fois que Sa Majefté en étoit contente, & qu'elle me réfervoit une récompenfe perfonnelle. Je crus même que l'honneur qui feroit répandu fur moi par cette préfentation, pourroit encore être de quelque utilité à l'Etat, en infpirant la plus grande confiance aux perfonnes que j'étois dans le cas d'employer à fon fervice.

Je m'adreffai à M. le Comte de Maurepas, qui me dit avec fa bonté ordinaire que je devois

prier M. le Duc de Fleury de me préfenter. M.
le Duc me demanda, lorfque j'eus l'honneur de
le voir à ce fujet, fi j'étois connu des Miniftres;
je lui répondis que oui. Nous étions au Mardi,
il me remit au famedi fuivant pour être préfenté. Je communiquai à M. de Sartine la
démarche que j'avois faite. Il me dit qu'il attendoit que je fuffe préfenté pour me donner fes
ordres.

Le lendemain de ma préfentation, M. de
Sartine me fit l'honneur de me dire : le Roi m'a
parlé de vous ; il m'a dit que vous lui aviez été
préfenté. Sa Majefté paroît contente de vos fervices. Comme alors rien ne me retenoit plus,
je le priai de me donner mes dernières inftructions ; il me répondit qu'il vouloit prendre les
ordres du Roi pour mon départ, ainfi que pour
mon remboursément. Dix jours fe passèrent
encore, pendant lesquels j'allois & revenois fans
cesse de Verfailles à Paris, & de Paris à Verfailles, en attendant toujours les ordres du Roi
& mon remboursément.

Cependant l'honneur que j'avois eu d'être
préfenté au Roi flattoit mon ambition, & élevoit
mon ame. Quel que fût la bizarrerie de mon
étoile, quelqu'obfcures qu'ayent été les premières

L 3

années de mon exiſtence, je portois dans mon cœur la perſuaſion de mon origine (1).

Vivement préoccupé de cet objet d'ambition, j'écrivis un matin à M. le Duc de Coigny pour lui demander un moment d'entretien ; il me fit réponſe que je pourrois venir à l'inſtant même, & de ne pas tarder, parce qu'il étoit prêt à partir pour la chaſſe. Je ne m'attendois pas alors à un rendez-vous auſſi prompt. J'étois dans un ſurtout des plus unis, tels que j'en ai toujours porté en Angleterre & dans mes voyages (2). Je me rendis donc à l'inſtant même chez lui, & le priai de me dire quelles étoient les qualités néceſſaires & les uſages reçus pour être admis dans les caroſſes du Roi. Il me répondit qu'il me ſuffiſoit d'un certificat de M. Chérin le Généalogiſte. Je le remerciai & pris congé de lui. De retour à Paris, j'allai trouver M. Chérin, qui me dit avoir plus de ſoixante généalogies à faire avant de pouvoir s'occuper de la mienne.

─────────

(1) J'établirai, dans un écrit particulier, les garans de ma perſuaſion, & je me flatte de parvenir bientôt à diſſiper les nuages qu'on a répandus à ce ſujet.

(2) Je n'entre dans ce détail que parce que mes ennemis ſe ſont plû à trouver un air cavalier dans cette démarche.

Je remis à un temps plus tranquille pour fuivre cette affaire, & je continuai à m'occuper de mon départ. On va voir dans le Chapitre fuivant quelles circonftances l'ont empêché.

CHAPITRE XII.

Délation ; calomnie ; circonftances de ma détention à la Baftille; défordre de mes affaires pendant ce temps ; mes démarches après avoir recouvré ma liberté ; juftification de ma prétention relativement au payement des avances pour le Roi.

Jusqu'alors je n'avois éprouvé d'autres regrets que d'avoir fait pour la gloire de nos armes, des difpofitions devenus inutiles. Les entreprifes perfonnelles, que les circonftances de ma miffion m'avoient mis à portée de faire pour mon compte, avoient eu la plupart un heureux fuccès. Ma fortune s'étoit confidérablement accrue, & quoique la majeure partie fût fortie de mes mains pour être employée au fervice du Roi,

je ne la regardois pas moins comme folidement
établie. Les graces que j'avois reçues de Sa
Majefté augmentoient dans mon cœur la noble
ambition de les mériter de plus en plus; l'avenir
fembloit m'offrir une brillante perfpective, & je
touchois au moment du plus grand défaftre.

Quelles en ont donc été les caufes? L'ardeur
avec laquelle j'infiftai, dans la campagne de
mer de 1779, pour que l'armée tirât partie de
mes relations & des préparatifs que j'avois faits
à Plimouth; les confeils falutaires que j'avois
donnés, & qu'on ne voulut pas fuivre, ont pu
fans doute me faire des ennemis de mes con-
tradicteurs. Le grade & la fortune à laquelle
j'étois rapidement parvenu, n'auront pas manqué d'exciter l'envie; & l'envie, comme je l'ai
trop bien appris, profite de tout pour accabler
l'objet qui l'offufque: ma fermeté ne lui parut
peut-être que de l'audace, la multiplicité de mes
opérations que des intrigues dangereufes, mes
difcours que des indifcrétions, le nom que je
portois qu'un larcin fait à une famille honorable
& qui m'étoit étrangère, ma préfentation au
Roi qu'une démarche ridiculement ambitieufe,
ma fortune enfin que le prix que j'avois mis à
mes trahifons.

Jeune encore, & n'ayant jamais paru à la

Cour que pour l'utilité du fervice dont j'étois chargé, j'ignorois avec quel art la calomnie fait fi bien ménager les plus perfides infinuations, & voici de quelle manière j'en fis bientôt la plus douloureufe épreuve.

Je continuai à aller fouvent à Verfailles pour folliciter les ordres relatifs à mon départ. M. de Sartine, qu'on avoit prévenu contre moi, ne m'en laiffa rien appercevoir. Il entroit néceffairement dans la politique attachée à fa place de diffimuler fes fentimens.

Il me dit le premier Avril 1780 qu'il avoit fixé les arrangemens à prendre pour mon rembourfement le lundi fuivant, qui étoit le 3, & que je recevrois en même-temps mes derniers ordres. Ce jour-là même 3 Avril il ne me fut pas poffible d'aller à Verfailles ; me croyant au moment du départ le plus prochain, cette journée fut employée à régler mes paiemens. Mais je m'y rendis le 4, à 10 heures du matin. En entrant dans l'Hôtel de la Guerre, une de ces perfonnes dans le cœur defquelles l'ambition n'eft point affez active pour étouffer l'humanité, me remit avec un air de myftère une lettre fans adreffe. Je l'ouvris quand je fus dans le fallon, & j'y trouvai ces mots : « Prenez garde » à vous, quittez Verfailles fans délai ; vous

» devez y être arrêté aujourd'hui ». Je reſſortis
ſur - le - champ pour joindre cette perſonne,
croyant qu'elle m'avoit adreſſé par erreur ce
qui étoit deſtiné pour un autre, mais je ne la
trouvai plus.

Je rentrai, je vis un moment le Miniſtre, il
me remit à 5 heures du ſoir. En traverſant le
ſallon de la Guerrre pour ſortir, un inconnu,
autre que celui que j'avois rencontré en entrant,
me tira par le bras, & me dit : « Il ne fait pas
» bon ici pour vous ». Ce ſecond avis me fit
plus d'impreſſion que le premier, & au-lieu de
ſortir comme j'en avois deſſein, je rentrai dans
la ſalle du Miniſtre, où il y avoit pluſieurs perſonnes. Je voulois y attendre le premier Secrétaire que j'avois laiſſé avec M. de Sartine,
croyant pouvoir démêler à ſes manières vis-à-vis
de moi, ſi j'étois véritablement celui dont la
liberté étoit ménacée.

Tandis que je réfléchiſſois à ces avis, j'en-
tendis quelqu'un dire à demi-voix à ſon voiſin :
« voilà deux Exempts déguiſés qui ont eu ordre
de ſe rendre ici pour arrêter quelqu'un ». Je
promenois alors mes regards avec cet intérêt de
recherche & de curioſité que ma ſituation
comportoit. Je remarquai effectivement deux

'hommes qui me confidéroient avec beaucoup d'attention.

Je fortis pour favoir s'ils me fuivroient, **mais** ils n'avoient pas apparemment reçu leurs derniers ordres, & je me rendis très-librement à l'hôtel de Modène, où je logeois. Là, feul avec moi-même, j'interrogeai mon cœur, mon zèle & ma fidélité pour le fervice du Roi, & je **crus** être à l'abri du reproche de la part de tous, **parce** que je n'en avois point à me faire : cette réflexion, ou plutôt ce fentiment intime, fit renaître **ma** confiance. A cinq heures je me rendis à l'Hôtel de la Guerre ; c'étoit l'heure que le Miniftre m'avoit donnée le matin. Il venoit de **paffer** dans fon cabinet. En me préfentant à la porte je rencontrai le premier Secrétaire (la Croix) qui en fortoit. Je lui dis, avec ma fincérité ordinaire: Eh bien, comment vont les affaires? Bien, **me** répondit-il d'un air riant ; & mettant la main fur fon cœur, nous vous portons là, mais vous ne pourrez voir le Miniftre qu'entre fept & huit heures. Il m'a chargé de vous le dire : venez avec moi dans mon cabinet, nous cauferons en attendant. Non, lui répondis-je, je vais à la Comédie, & je me trouverai ici à l'heure fixée.

L'air de franchife du premier Secrétaire auroit diffipé mes craintes s'il m'en fût refté ; mais elles ſe renouvelèrent bientôt. En repaſſant le Sallon de la Guerre, je rencontrai ces deux mêmes perſonnes qu'on m'avoit fait connoître pour des Exempts déguiſés, & que je n'y avois pas vu en entrant. Arrivé à la porte de l'Hôtel, je trouvai un de mes gens qui venoit de Paris, & qui me remit une lettre que je lus à la lumière du Suiſſe. On m'écrivoit que le matin, auſſi-tôt après mon départ, un Exempt s'étoit préſenté chez moi, qu'il avoit demandé à me parler, & qu'il s'étoit, l'inſtant d'après, retiré, ſur ce qu'on lui avoit dit que je venois de partir pour Verſailles. Je n'eus pas fait dix pas dans la rue qu'un inconnu me remit encore une lettre, en ajoutant: *retirez-vous au plus vîte*. Je ne doutai plus alors que je ne touchaſſe au moment d'être arrêté. J'entrai dans le Château par le paſſage en face de l'Hôtel de la Guerre; & étant arrivé à l'Œil de Bœuf, j'y lus un billet qui contenoit un avertiſſement pareil à ceux que j'avois déjà reçus. Je ſentis dans ce moment ma fermeté ſe roidir contre l'infortune. Je crus qu'il étoit au-deſſous de moi de profiter des avis reçus, & de me ſouſtraire aux dangers qui me menaçoient. J'allai à la Comédie, comme je l'avois annoncé, avec intention de retourner à huit heures chez le Miniſtre, pour me faire arrêter chez lui-même.

Mais hélas! ce coup étoit bien éloigné de l'in-
fenfibilité. J'allois être féparé d'un enfant unique
dans l'âge le plus foible, & qui faifoit l'objet
de tous mes vœux les plus chers. Ma femme devoit arriver en France fous peu de jours. Eh!
quand pouvois-je efpérer de la revoir, de parta-
ger avec elle les foins que cet objet chéri demandoit?

L'ame remplie d'amertume, je fortis du fpec-
tacle & me rendis à l'Hôtel de la Guerre. Dès que
j'eus paffé la grille qui forme entrée de la rue de
la Surintendance, je remarquai de droite & de
gauche des hommes qui fe reploioient fur mes
pas, de manière qu'en arrivant chez M. de Sartine, j'en fus entouré. Je perçai néanmoins jufqu'à fon cabinet fans oppofition. Un Valet-de-
Chambre me dit que je ne pouvois le voir. Je
répondis, d'un ton ferme, que j'avois quelque
chofe de nouveau & d'effentiel à communiquer
au Miniftre, & qu'il devoit m'annoncer. Le
Valet-de-Chambre n'avoit pas apparemment reçu
d'ordre affez précis pour réfifter à une inftance
auffi vive. Il ouvrit la porte & m'annonça. M de
Sartine me demanda ce que j'avois de fi preffant
à lui dire. Je viens, lui répondis-je, apprendre
de vous, Monfieur, pourquoi vous me faites
arrêter. Qui vous l'a dit, repartit-il, furpris de

te début ? J'en fuis parfaitement inftruit, répli-
quai-je. Alors il convint que le fait étoit vrai,
en ajoutant qu'il avoit reçu l'ordre du Roi, &
qu'on m'accufoit d'avoir trahi les intérêts de
l'Etat.

. A cette imputation , j'eus peine, je l'avoue,
à me contenir ; mais mon emportement étoit le
cri de l'innocence. Le Miniftre fentit que j'étois
loin de vouloir lui manquer de refpect. Il eut la
bonté de me faire affeoir pour me remettre de
mon émotion. Il me parla de ma naiffance,
qu'on foupçonnoit de n'être pas conforme à celle
que j'annonçois. J'obfervai que fi quelques parties intéreffées ou le Miniftère Public m'inquié-
toient à ce fujet, c'étoit une affaire à porter dans
les Tribunaux. Le Miniftre convint de la juft-effe
de cette réflexion, & m'ajouta même qu'il n'étoit
pas queftion , quant à préfent, de favoir qui
avoit fervi le Roi, mais de favoir s'il avoit été
bien fervi.

Cette converfation m'avoit donné le temps de
reprendre ma tranquillité. M. de Sartine me
demanda fi j'étois difpofé à me laiffer arrêter fans
violence, je lui répondis qu'oui; il fonna, &
alors parut un Garde de la Prévôté qui me figni-
fia les ordres du Roi. Le Miniftre eut l'attention
de me dire, en me quittant, qu'il efpéroit que

je me justifierois, & qu'on me rendroit bonne justice.

A la porte de l'Hôtel de la Guerre étoit une voiture qui m'attendoit, & dans laquelle je montai avec trois Gardes. On me conduisit chez moi à Paris, où j'arrivai à deux heures du matin. J'y trouvai deux Commissaires avec un grand nombre de personnes. On mit tous mes papiers dans des malles, sur lesquelles on apposa des scellés. Elles furent conduites avec moi à la Bastille, où j'entrai le 5 Avril sur les quatre heures du matin.

La même nuit mes gens furent arrêtés. Mon secrétaire fut enfermé à la Bastille avec la Gouvernante de ma fille. Cet enfant, qui n'avoit encore que quatre ans, étoit malade ; elle fut abandonnée aux Gardes qui demeurèrent établis chez moi pendant environ un mois, & j'ai eu depuis le chagrin de la perdre.

On ne doutera pas que dans ce séjour je n'aie essuyé les plus rigoureuses recherches. Aux traitemens que j'y éprouvois, j'eus lieu de croire que la prévention avoit été portée au plus haut point. Je m'imposerai silence sur les détails, non que j'en aye contracté l'engagement, mais par esprit de modération. Qu'a produit, au surplus, l'activité de la recherche pendant quatorze mois entiers, finon que la preuve de mon innocence étoit égale à ma fermeté; que, traité comme fuf--pect d'avoir trahi l'Etat, j'avois par devers moi des preuves multipliées de la fidélité de mes fervices ?

Le 15 Mai 1781, à deux heures après midi, on me rouvrit enfin les portes de la Baftille. Ce n'étoit que me permettre d'aller promener mon humiliation, mon infortune, tant que le préjudice que j'avois fouffert ne feroit pas réparé.

J'arrivai chez moi à pied, le vifage morne, & le cœur ferré, comme quelqu'un qui craint de trouver dans fa maifon de nouveaux fujets de douleur.

J'y appris, en entrant, que mon enfant, auquel j'étois tendrement attaché, étoit mort depuis fix jours. Je trouvai mes affaires domeftiques dans une ruine totale. Mes Créanciers, pendant ma détention, avoient pris l'alarme fur leurs créances, & fait de vives pourfuites. Mes chevaux avoient été vendus. Tout mon mobilier & ma vaiffelle avoient été mis en gage pour acquitter des engagemens facrés. Ma femme, qui étoit venue à Paris trois mois après ma détention, avoit vainement, pendant cet intervalle, follicité des fecours vis-à-vis du Miniftre ; M. de Sartine

fit

fit des promeſſes, mais il ne reſta pas aſſez long-
temps en place pour les effeduer.

M. le Marquis de Caſtries lui ſuccéda. Ma
femme crut devoir s'adreſſer à lui dans ſa dé-
treſſe pour obtenir quelqu'acompte ſur ſa créance.
Il lui répondit par une lettre ainſi conçue, en
date du premier Février 1781.

» Si vous voulez, Madame, prendre la peine
de venir à Verſailles ſamedi, entre quatre &
cinq heures, je vous y recevrai avec plaiſir.

» Quant à l'acompte que vous demandez, je ne
puis en accorder que lorſque j'aurai la preuve
que le département de la Marine doit à M. de
Paradès, & même que je reconnoîtrai le montant de ce qui lui eſt dû. Je ne trouve aucun ren-
ſeignement ſur cet objet dans les Bureaux, &
je penſe que vous devez vous adreſſer à M. de
Sartine, ſous les ordres duquel M. de Paradès a
fait les avances que vous réclamez. Auſſi-tôt que
vous m'aurez fait remettre les pièces qui me ſont
néceſſaires, je ferai les diſpoſitions les plus favo-
rables qu'il me ſera poſſible pour adoucir votre
ſituation.

» J'ai l'honneur d'être, &c. *Signé* CASTRIES. »

Munie de cette lettre, ma femme s'étoit rendue chez M. de Sartine, qui, en reconnoiſſant

M

la justice de mes réclamations, lui dit qu'il n'avoit plus de caractère pour régler mon état de dépense, ou que du moins il ne pouvoit le faire sans y être autorisé par le Ministre en place.

Telles étoient les choses lorsque je recouvrai ma liberté. Il m'étoit dû des sommes considérables, & je n'avois ni argent ni crédit.

Dans la position critique où je me trouvois, l'honneur se joignit au besoin, pour me déterminer à faire toutes les démarches propres à me procurer mon paiement. On m'avoit vu dans une espèce d'opulence avant mon entrée à la Bastille ; on me voyoit dans la nécessité après ma sortie. La calomnie qui m'y avoit conduit se permettoit de dire, pour justifier ses excès, que j'avois été obligé de faire le sacrifice de ma fortune pour recouvrer ma liberté, & qu'il falloit bien, par conséquent, qu'elle m'eût été mal acquise.

Animé par des motifs aussi louables que justes, j'ai profité des premiers jours où l'autorité désabusée m'a rendu à moi-même, pour prier M. le Marquis de Castries de donner à M. de Sartine, des pouvoirs qui le missent à portée de régler mon état de dépense.

Si jusqu'à présent je n'ai pu parvenir à aucune

voie à mon remboursement, je n'en accuse que
les circonstances d'une guerre très-active, qui,
occupant le Ministre tout entier, ne lui ont pas
laissé le loisir de porter son attention sur cet objet,
& encore moins, peut-être, le pouvoir de faire
d'autre emploi des fonds de son département,
que pour les dépenses courantes.

Mais la paix honorable qui nous est rendue,
m'est un heureux présage de la justice que j'at-
tends de la part d'un Prince aussi jaloux de régner
par elle & de la part des Ministres aussi dignes de
ses vues.

Je supplie donc, avec instance, le Gouvernement, de prendre les voies nécessaires pour le
réglement de mon état de dépenses; & dans la
crainte que mes détracteurs ne parviennent à tra-
verser ses intentions judicieuses, je vais le pré-
munir contre leurs insinuations.

On dira peut-être qu'il n'étoit pas possible de
régler un état qui n'est appuyé d'aucune pièce
justificative.

Je répondrai que la nature de la mission ne
permettoit pas de faire des actes par écrit, ni de
rien communiquer dans les Bureaux de relatif à
ses opérations, parce que le succès qu'on en devoit attendre ne pouvoit avoir lieu sans le plus
grand secret.

M 2

Au furplus, comment feroit-il poffible d'élever des doutes fur la réalité de mes avances ?
M. de Sartine, d'après les ordres duquel je les
ai faites, eft en état de les attefter ; il en a eu
la pleine certitude, & c'eft d'après cette certitude
même, que, pour arrêter les pourfuites faites
pendant ma détention par les fieurs Girardot &
Haller, Banquiers, à qui je devois 80 mille
livres, il a eu la bonté de leur promettre de faire
payer cette fomme à compte de ce qui m'étoit
dû par le Roi.

M. de Sartine feul a connu toutes mes opérations ; je l'inftruifois verbalement, parce que la
nature de l'entreprife lui avoit paru l'exiger.
De là plus de vingt voyages de ma part de Verfailles en Angleterre, & d'Angleterre à Verfailles, faits avec une activité incroyable. Il favoit
& même fait encore toutes les penfions que je
payois par fes ordres en Angleterre aux Agens
que j'employois pour le fervice du Roi. N'en ai-je
pas même la preuve la plus convaincante dans
une apoftille mife de fa main fur une lettre que
je lui avois écrite à la Baftille ?

» M. de Sartine prie M. Lenoir de remettre
» cette lettre à M. de Paradès, & de lui deman-
» der des éclairciffemens fur ce qu'elle contient
» de relatif à Minorque, & de lui dire en même-

» temps de donner ſes ordres en Angleterre
» pour arrêter dès-aujourd'hui tous les paie-
» mens ».

Il y avoit donc des dépenſes courantes établies
en Angleterre pour le compte du Roi ? Et la dépenſe courante, qui la faiſoit ? C'étoit moi, ſui-
vant les ordres du Miniſtre, & pour en être rem-
bourſé par le Roi.

Prétendra-t-on que l'Etat n'ayant tiré aucun
avantage des dépenſes que j'ai faites, elles doivent être en pure perte pour moi ?

Mais les ai-je ordonnées ces dépenſes ? N'ont-
elles pas été faites de l'autorité du Miniſtre ?
A-t-il dépendu de moi de les rendre plus fruc-
tueuſes ? Mon zèle n'a-t-il pas été porté ſur ce
point juſqu'à l'importunité, ainſi qu'on l'a vu
dans mes Mémoires ? Ah! ſans doute, j'euſſe
alors préféré de grand cœur, au paiement de
mes avances, de voir l'Etat profiter de mes diſpoſitions heureuſes que j'avois faites avec tant de
fatigues; & la gloire d'avoir préparé les ſuccès,
eût été pour moi la plus précieuſe récompenſe.

Mes détracteurs diront-ils que ma fortune
actuelle, abſtraction faite des avances que je réclame, eſt bien ſupérieure à ce qu'elle étoit lors
de la miſſion qui m'a été donnée par le Miniſtre,

& que par conféquent le Gouvernement eft quitte
envers moi.

Mais fi ma miffion a été l'occafion de ma fortune , elle n'en a point été la caufe. Le Miniftre
m'a envoyé en Angleterre pour faire des opérations utiles au Roi , mais il ne m'a pas défendu
d'en faire d'utiles pour ma perfonne. Chef
fecret d'un équipage Anglois dévoué à mes ordres,
n'ayant rien à craindre de la Nation ennemie,
tant que je ne ferois point trahi par mes Agens,
en pleine paix , pour ainfi dire en pleine liberté,
au milieu des entraves que les hoftilités refpectives donnoient au Commerce, j'ai fait des fpéculations heureufes , & mis à profit la facilité
que me donnoit la fingularité de ma fituation.
J'ai indiqué dans ces Mémoires la fource de mes
bénéfices. Le Miniftre en a été inftruit dans le
temps ; mais, en faifant mes affaires, je n'ai rien
négligé dans celles du Roi. Les unes étoient à
mes rifques , les autres à ceux de l'Etat , & le
Miniftre auroit cru compromettre la dignité de
fa place & la majefté du Prince , s'il m'avoit
propofé cette convention fingulière, que tous les
bénéfices que je pourrois faire dans les entreprifes à mes rifques, feroient employés par moi
fans retour pour le compte du Roi.

Obfervera-t-on enfin que le Roi m'a gratifié du rang de Colonel & de trois penfions, une de 3000 livres fur le département de la Marine, une de 3000 livres fur celui de la Marine des affaires étrangères, & l'autre de 1000 livres fur la Guerre ?

Je répondrai que le grade & les penfions font fans doute des récompenfes très-honorables pour mes travaux, & que mon ambition, de ce côté, auroit été pleinement fatisfaite, fi le don de la Croix de Saint-Louis les avoit accompagnés, comme on m'avoit permis de m'en flatter.

Mais ne confondons pas les idées. Ce n'eft point ici le prix de mes travaux ni des dangers par moi courus que je réclame, c'eft celui des avances que j'ai faites pour le fervice du Roi fur ma fortune perfonnelle. L'amour, le dévouement, l'obéiffance des fujets pour leur Roi font partie de fon domaine, mais leurs biens font à eux.

J'ai établi les caufes de mes avances envers Sa Majefté; j'en ai joint l'état général à la fuite de ces Mémoires. Je fupplie le Miniftre de vouloir bien en régler le montant. M. de Sartine, je le répète, eft en état de porter les lumières fur mes prétentions ; j'ai opéré d'après fes ordres. Je demande juſtice , & je la follicite vivement , parce que les circonſtances m'y contraignent , parce que cette juſtice impoſera filence à la calomnie qui m'a long-temps perſécuté , parce qu'elle doit rétablir en même temps ma fortune. Je me flatte enfin que l'autorité éclairée réparera le tort que m'a cauſé l'autorité ſurpriſe , & quatorze mois de détention à la Baſtille. Mais j'attendrai ſa déciſion avec la foumiſſion la plus profonde ; & quelle que foit la forme que le Gouvernement adopte pour me remplir , foit rentes viagères , foit conceſſion du Roi en France , foit argent comptant ; quelle que foit la qualité à laquelle il croira devoir fixer ma créance , ma vie entière n'en fera pas moins dévouée à mon Roï , & mes vœux n'en feront pas moins ardens pour la longue durée d'un règne qui annonce autant de gloire, de fageſſe , de bienfaiſance & de proſpérité que le fien.

---

(1) On peut excufer ce ſtyle : un homme à qui en 1782 il étoit légitimement dû plus d'un demi-million , ne devoit le demander *qu'à genoux.* Nos Lecteurs regretteront que ces Mémoires n'aient pas été écrits en 1779.

RÉCAPITULATION générale des Dépenses arrêtées par le Ministre, & des paiemens que j'ai faits pour le compte du Roi.

SAVOIR:

LES Dépenses pour les trois premiers voyages faits en Angleterre, y compris les sommes payées comptant aux différens agens, en traitant avec eux, suivant un Mémoire arrêté dans le temps par M. de Sartine, furent de 2700 liv. sterl. argent de France.   65,000 liv.

L'achat du Navire la Bretagne de 14 canons 3,500 liv. sterlings, argent de France.   84,000

Les Dépenses courantes se montoient, suivant le premier état par le Ministre, à 1257 liv. sterl. par mois; elles furent augmentées de 300 liv. sterl. le mois suivant, ce qui les porta à 1557 livres sterl. argent de France 37368 liv.

149,000 liv.

De l'autre part . . . . 149,000 liv

pour 13 mois de ce paiement,
fait fur ce pied, à commencer
du premier Juin 1778, au premier Juillet 1779. 485,784

Les gages & frais de courfe des
deux Couriers de Calais à Paris,
& à Breft, montèrent pendant ce
même temps à 6,700

Argent perdu à bord de la
Bretagne, lors du naufrage 6000
liv. fterl. argent de France . . 14,400

L'achat du Navire le King'stown,
deftiné à remplacer la Bretagne,
après le naufrage, 2,500 livres
fterl. argent de France. . . . 60,000

Deux chevaux crévés par les
Couriers, & un de perdu. . 2,000

Vol fait à un courier de 60
guinées, dont il étoit porteur
pour les gages d'un des Agens. 1,440

Huit cents liv. fterlings donnés à l'équipage à Breft, lors de

719,324 liv.

Ci - contre. . . . . . . 719,324 liv.

la remonte du convoi François
fur Oueffant, argent de France.   19,200

Mille liv. fterlings, payées à un
Meffager d'Etat.   24,000

L'achat du Navire l'Epervier,
de 14 canons, 1200 liv. fterl.   28,400

Le voyage de M. de B.....
a coûté en dépenfes extraordinaires, 2000 liv. fterlings. . .   48,000

Toutes les traites ont été re-
nouvellées pour une année en
Juin 1779, les dépenfes ont été
augmentées de 640 liv. fterlings
par mois, ce qui au-lieu de 1557
liv. fterlings, les porta à 2197
liv. fterlings, pour une année,
fur le pied de, argent de France. 632,736

Le paiement des gages des
Pilotes Anglois.   72,000
                              _____

Le total général des dépenfes
devoit être jufqu'au premier
Juillet 1780, au terme des traités, de . . . .   1543,660 liv.

De l'autre part. . . . 1543,660 liv.

Sur quoi il y a à observer que je n'ai payé en déboursés réels les dépenses courantes que jusqu'au premier Février 1780 , ce qui fait une diminution de cinq mois, sur le pied de 52,728 liv. faisant 262,640 livres, à déduire sur le total général des dépenses, & dont néanmoins je suis resté chargé par mes engagemens, de laquelle somme il faudra soustraire le prix de deux Bâtimens, le King'stown & l'Epervier ; qui furent vendus par mes Agens, pendant ma détention à la Bastille, & dont ils se partagèrent les fonds entr'eux, ci. . . . 263,640

Ce qui réduit les paiemens faits en argent, à la somme de . . 1280,020

Le total général des fonds, faits par le Gouvernement, ne montant qu'à . . . . . 692,400 liv.

Partant, il m'est dû en déboursés effectifs, celle de . . . 587,620 liv.